MOOCs

基础教育慕课与翻转课堂教学
理论和实践

华东师范大学出版社

田爱丽◎著

图书在版编目(CIP)数据

基础教育慕课与翻转课堂教学理论和实践/田爱丽著.
—上海:华东师范大学出版社,2015.11
ISBN 978-7-5675-4332-4

Ⅰ.①基… Ⅱ.①田… Ⅲ.①基础教育—网络教学—研究 Ⅳ.①G434

中国版本图书馆 CIP 数据核字(2015)第 282828 号

基础教育慕课与翻转课堂教学理论和实践

著　　者　田爱丽
策划编辑　彭呈军
特约审读　张艺捷
责任校对　赖芳斌
装帧设计　卢晓红

出版发行　华东师范大学出版社
社　　址　上海市中山北路 3663 号　邮编 200062
网　　址　www.ecnupress.com.cn
电　　话　021－60821666　行政传真 021－62572105
客服电话　021－62865537　门市(邮购)电话 021－62869887
地　　址　上海市中山北路 3663 号华东师范大学校内先锋路口
网　　店　http://hdsdcbs.tmall.com

印 刷 者　常熟高专印刷有限公司
开　　本　787×1092　16 开
印　　张　13
字　　数　142 千字
版　　次　2016 年 1 月第 1 版
印　　次　2019 年 11 月第 3 次
书　　号　ISBN 978-7-5675-4332-4/G·8800
定　　价　29.80 元

出 版 人　王 焰

(如发现本版图书有印订质量问题,请寄回本社客服中心调换或电话 021－62865537 联系)

本研究受到 2014 年国家自然科学基金项目"慕课(MOOCs)提升基础教育公平与质量的理论和实证研究"(项目批准号:71403089)的资助,特此致谢!

目　录

　　无论是在规模发展还是质量提升方面,改革开放以来我国基础教育取得的成就都是举世瞩目的,尤其是学生扎实的基础知识和基本技能,世界公认。上海两次参加国际 PISA 项目测试均取得全球第一的成绩更是让国民为之自豪,也让全世界的教育实践者和研究者对中国基础教育充满了敬佩与好奇。这是自改革开放以来,我国基础教育培养出了数以亿计的高素质劳动者的原因所在,也是我国之所以能够成为制造大国的重要基础。应该说,传统教学模式对我国人才培养和经济社会发展做出了重要贡献。但在看到成效的同时,我们也要看出传统教学模式的不足:课堂内齐步走的教学节奏,教师讲学生听为主的授课方式,纸笔测试为主的评价方法,带来的不良结果之一是学生个性化的学习需求得不到很好地满足,学习方式较为被动。学生的高级思维能力、创新精神、动手实践能力没有得到很好地发展。而在当今社会,随着社会发展与产业结构转型,国家不仅仅需要数以亿计的高素质劳动者,更需要数以千万计的专业技术人才和一大批拔尖创新人才。因而如何转化教学范式,在保证知识和技能扎实的基础上,促进学生高级思维能力的发展和拔尖创新人才的培养,是我国基础教育阶段人才培养改革的当务之急。

　　为此,不少教育研究者和实践者进行了长期探索,取得了不少的成绩,但仍有诸多需要改进之处。在既定框架内寻找具体方法看来较为困难,那么如何转化思路,在人类社会已经步入信息文明的今天,利用信息技术带来的便利,变革目前的教育结构与教学流程,转化教学和评价范式,无疑是值得关注的课题。例如借助于信息技术平台,让占据课堂教学时间较多的知识讲授环节,录制成形象生动、讲解清晰的教学视频,并配以其他学习资料和检测作业,通过学习平台发送给学生,让学生利用一切可以自学的时间先行自学,自我检测;通过对学生学习数据的分析,教师在详细把握学情的情况下,在课堂上有针对性地讲解,和学生一起解决疑难,完成作业,质疑讨论等,发展学生的高层次认知能力、创新能力,促进学生综合素质发展和拔尖创新人才培养。

上述慕课(MOOCS,Massive Open Online Courses,即大规模开放在线课程)学习加翻转课堂的思路与做法,不少发达国家从2004年前后就开始了实践,2012—2013年引起了全世界教育工作者的关注。一些知名高校如哈佛大学、耶鲁大学、斯坦福大学、香港大学、上海交通大学、清华大学、北京大学等都在积极组织本校教师进行慕课建设。基础教育界也跃跃欲试,不少知名中小学也开始尝试,美国林地公园高中、拜伦高中,英国的伊顿公学,新加坡国立大学附属数理高中等纷纷开始尝试,国内的清华大学附中、青岛二中、杭州学军中学、上海建平中学、南京金陵中学等也在积极开展实践。教育研究者和实践者联手,大中小学协同,利用信息技术的优势,探索慕课加翻转课堂的全新教学模式,这场新的教学改革迅速在全球兴起,形成了变革学生学习方式的新浪潮。对此,积极拥护者有之,质疑者亦有之。对慕课与翻转课堂究竟是什么,它们有哪些优势,在实践中的成效如何,如何进一步完善等问题,本研究将逐一分析和讨论。

由于慕课与翻转课堂在我国基础教育实践的时间还不是很长，作者水平有限，对其所作的理论概括存在不当之处在所难免，恳请各位专家、同行研究人员、一线教师与广大读者不吝指教。

田爱丽

于华东师范大学慕课中心

2015.8

慕课加翻转课堂人才培养模式概述

未来的效益水平取决于你在多大程度上能与机器完美地配合工作。
——《失控》的作者凯文·凯利(Kevin Kelly)

　　慕课加翻转课堂已经引起了世界各国基础教育界的广泛关注，成为互联网＋教育的主要形式。然而，什么是慕课加翻转课堂，它是如何产生的，其中一些主要概念之间究竟是什么关系。本章将先对其作些探讨，以期为后续章节提供基础。

第一节　慕课加翻转课堂：内涵及其发展

一、慕课的概念与发展脉络

　　慕课，即大规模公开在线课程，它是 Massive Open Online Courses 的英文首字母缩写 MOOC 的音译。第一门慕课的出现是在 2008 年，是由加拿大阿萨巴斯卡大学（Athabasca University）的学者乔治·西蒙（George Siemens）和斯蒂芬·唐斯（Stephen Downes）设计与主导的《连通主义与连通知识（Connectivism and Connective Knowledge）》。该课程于 2008 年 9 月至 12 月向学生开放，来自曼尼托巴大学（University of Manitoba）的 24 位付费学生和来自世界各地的 2 200 位免费学生在线学习了这门课程。从那时开始，一批教育工作者,包括来自玛丽·华盛顿大学(University of Mary Washington)的吉姆·格鲁姆(Jim Groom)教授以及纽约城市大学约克学院(CUNY-York College)的米歇尔·斯密斯(Michael Branson Smith)教授都采用了这种授课方式,并且成功地在全球各国大学主办了他们的大规模网络开放课程。①

高等教育领域,慕课发展最重要的突破发生于2011年秋,斯坦福大学(Stanford University)人工智能专家特龙(Thrun)和诺维格(Norvig)在网上开设了"人工智能导论(Introduction to Artificial Intelligence)"课程。该课程吸引了190多个国家的16万人参与学习。很快,高等教育领域的三大慕课平台相继成立,分别是Udacity,Coursera,EdX,大规模开放在线课程开始呈现井喷和蔓延之势。2013年5月21日,EdX发展了亚洲首批成员学校,包括我国的清华大学、北京大学、香港大学、香港科技大学以及日本的京都大学、韩国的首尔国立大学等高校。2013年7月8日,上海交通大学宣布加盟大学慕课三大平台之一的在线课程联盟Coursera,成为加入Coursera的第一所中国内地高校,将和美国的耶鲁大学、麻省理工学院、斯坦福大学等世界一流大学一起共建共享全球最大在线课程。当天晚间,复旦大学与Coursera达成一致,向Coursera平台免费提供中文或英文教学的慕课。②

2013年7月9日,上海交通大学牵头国内C9高校联盟,探索基于"在线开放课程"共享的跨校联合辅修专业培养模式,扩大享受优质教学资源的群体范围,致力于引领中国慕课发展潮流。③ 与此同

---

① 参见刘增辉.中国MOOC:与其被动改革不如主动变革——访华南师范大学教育信息技术学院副院长、未来教育研究中心副主任焦建利[J].中国远程教育,2013(14).
② 曹继军,颜维琦."慕课"来了,中国大学怎么办?[N].光明日报,2013-07-16.
③ 姜澎.C9高校将共享在线开放课程探索跨校联合辅修专业培养模式[N].文汇报,2013-07-10.

时,许多地区也在大力建设本地的课程共享平台。比如,上海已成立了专门机构,积极推动 30 所成员高校开发和共享优质课程教学资源;重庆大学发起成立东西部高校课程共享联盟,目前已有 60 余所高校加入。清华大学的学堂在线,上海交通大学的南洋学堂等慕课学习社区已经建立。

在基础教育领域,自 2004 年孟加拉裔美国人萨尔曼·可汗(Salman Khan)将其给表妹辅导功课的视频传到网上开始,基础教育领域的慕课学习就拉开了序幕。在国内,伴随着高校慕课的推进,2013 年 8 月 12 日,华东师范大学慕课中心和中国 20 余所知名高中共同发起成立了 C20 慕课联盟(高中)。此后,2013 年 9 月 7 日,全国 20 余所初中与小学,共同发起成立了 C20 慕课联盟(初中)与 C20 慕课联盟(小学)。2014 年 8 月 12 日,再次成立 C20 慕课联盟(地市教育局),华东师范大学和全国慕课联盟单位共同探索基础教育领域的慕课建设与课堂教学变革。2015 年 7 月开始,上海市教委牵头,和上海高中的"四大名校"(上海中学、华东师大二附中、复旦大学附中、上海交通大学附中)共同建设"高中四校特色慕课",这将进一步推动上海基础教育慕课建设的新浪潮。

不少教育工作者会感到疑问,长期以来,与之相类似的空中课堂、名师课堂、网上精品公开课等教学形式久已存在。为何慕课这种教与学的形式在今天走红?笔者以为主要有下述三个原因:

一是时代发展的使然。今天移动互联网覆盖了世界的诸多地方,据信息通讯部门的预测,到 2017 年,无线互联网将覆盖到世界的每一个角落,手机、平板等移动智能终端逐渐普及,这是时代发展的现实,为慕课建设与学习提供了难得的便利条件。而以往并不具有这个优势条件,人们如果想学习网上课程,需要到专门的机房,在规定的时间段才可以学习。因而,无线互联网和智能移动终端的高速发展是慕课"走红"的时代背景。

二是慕课的人性化设计。以往录制的 40 分钟左右的精品课程、名师课堂等,在当时为人们的学习提供了重要补充,但是它并不十分符合学生尤其是中小学生学习的特点。40 分钟时间过长,中小学生很难集中这么长时间的注意力,学习过程中的分神现象时常发生。学生的学习较为被动,没有人机交流、同伴在线交流,学习体验欠佳。而新一代的慕课设计更加人性化,更符合学生学习的特点。围绕特定的知识点,录制成的 10 分钟左右的视频,这可以使学生在注意力集中的时段完成对知识的学习。与此同时,学生学习的互动性更强。在学习平台的支持下,可以做到人机互动,同伴在线交流,学生学习的体验比较好。

三是数字化时代的孩子已经长大。今天的中小学生、大学生,他们出生的时候,数字化产品就是他们周围生活的组成部分,他们天然地认为数字化产品是人类生活的必需品,所以信息技术专家称这些孩子是数字化时代的"原住民"。据广州市少工委 2013 年针对全市 3 000 小学生调查发现,"刷屏"已成为 00 后的主要生活方式。98.3% 的儿童家庭中拥有智能手机,大部分儿童从幼儿园开始接触各种手机和应用。儿童微信拥有率为 55.1%,微博拥有率为 58.1%。[1] 小学生尚且如此,中学生更甚之。如今没有智能手机的大学生或许会被同伴视为"另类"。

在这样的时代,学生的学习方式和学习偏好也在发生变化。美国有研究发现,这些数字化时代的孩子更喜欢从屏幕上而不是从书

---

① 吴广宇. 逾五成 00 后拥有"两微"账号,刷屏成 00 后主要生活方式[EB/OL]. http://gz.ifeng.com/zaobanche/detail_2013_10/14/1325803_0.shtml

本上获取知识。① 或者至少认为两者都是获取知识的重要渠道。他们非常适应、也非常喜欢慕课这样的学习方式。

因而，上述几个要素共同促成了慕课这种教与学形式在今天的"走红"。《纽约时报》把 2012 年称之为慕课元年，有学者将 2013 年称之为华语的慕课元年。②

二、翻转课堂的概念与发展脉络

显然，仅仅是上述慕课学习，是不能够完全适应在校学生，尤其是基础教育阶段学生的学习需要的。对基础教育阶段的学生而言，教师的当面指导与引导、同伴之间面对面的交流、共同的集体生活，或许是更为重要的学习形式。那么，这是不是说中小学生不能进行、不应该进行慕课学习呢？答案是否定的。关键是如何引导中小学生进行慕课学习，慕课学习如何与课堂教学有机结合，学生在学习平台上进行了慕课学习以后，课堂内老师该教什么，怎么教，这是当前中小学教师和教育研究者比较关注的课题，翻转课堂的概念随即而来。

所谓翻转课堂，是相对于当前的课堂上教师讲解、学生听讲，课后学生完成作业的教学形式而言的；它是指利用信息技术的便利，教师将对知识点的讲解录制成短小精悍的教学微视频，配以其他学习资料和进阶作业，通过学习管理平台发送给学生，学生在教师的指导和引导下先进行自学，完成进阶作业；基于学习平台上的信息，教师在详细把握学情的情况下，课堂内有针对性地重点讲解，和学生一起解决疑难，完

---

① Michael Scherer/Calistoga, Calif. The Paperless Classroomiscoming. http://time.com/3483905/the-paperless-classroom-is-coming, 2014 – 10 – 27.

② 参见陈玉琨，田爱丽. 慕课与翻转课堂导论[M]. 上海：华东师范大学出版社，2014.

成作业。在该教学模式下，基本知识和技能的学习移到了课前，课堂上省出更多时间让学生展示交流、动手操作、质疑讨论，完成作业等，这是发展学生高级思维能力、动手实践能力等综合素质的重要路径。

翻转课堂的倡导者有两个重要观点：第一，学生最需要老师帮助的时候，并不是听老师讲授知识的时候，而是在做作业遇到困难的时候。而在以往的课堂教学方式中，学生最需要老师帮助的时候，是在家里或课外的，老师是不在身边的。第二，相对于课堂内听老师讲授知识，课堂外做作业对学生而言是更为高级、更为复杂的脑力劳动。按照传统的教学模式，学生在从事更为高级、更为复杂的脑里劳动时，是在家里的，遇到困难的时候也得不到老师或同学的帮助的。这两个重要的观点也更支持课堂要"翻转"过来，学生听讲知识这一环节放到课前自主完成，做作业放到课堂内，在老师和同学的帮助下完成。

翻转课堂在基础教育领域的应用，起源于美国科罗拉多州的阿拉帕霍高中（Arapahoe High School）和林地公园高中（Wood Land High School）。阿拉帕霍高中的数学教师卡尔·费舍（Karl Fisch）于2005年开始翻转课堂的实践；林地公园高中的两位化学教师，约翰逊·伯格曼（Jonathan Bergmann）和亚伦·萨姆斯（Aaron Sams）于2006年开始尝试，取得了良好的成效，被称为探索翻转课堂的先驱。经过几年的实施，伯格曼和萨姆斯出版了专著《翻转你的课堂（Flip your Classroom：reach every student in every class every day）》，系统介绍了翻转课堂的具体做法和所取得的成效。[①] 可汗学院（Khan

---

① Jonathan Bergmann & Aaron Sams. Flip your Classroom：reach every student in every class every day. ISTE ASCD. 2012.
Jonathan Bergmann & Aaron Sams. Flip Your Students' Learning. Educational Leadership. 2013(3). pp. 16－21.

Academy)的出现进一步推动了慕课与翻转课堂的实践。除林地公园高中之外，美国密西根市的克林顿戴尔高中（Clintondale High School）和明尼苏达州的拜伦高中（Bryon High School），也是实施慕课学习和翻转课堂的典型案例。英国伊顿公学（Eton College）建立了成熟的在线学习平台，学校老师尝试翻转课堂实践，成效良好。加拿大 B. C. 省在慕课与翻转课堂的实施中有较多早期的探索，该省吉隆纳市的奥卡那根中学（Okanagan Mission Secondary School）是该领域的先锋。[①] 澳大利亚则采用大中学联手的形式共同探索和实践基础教育领域的慕课与翻转课堂。昆士兰大学（University of Quensland）和昆士兰州立高中，围绕着"什么是慕课学习和翻转课堂"、"为什么要采用这种形式"、"如何开始使用"等问题作了系统研究，如他们指出：翻转课堂的目的是，为了让学生从被动学习转向更主动学习，让学生能够有更多的时间发展其更高级的思维，如布卢姆（B. S. Bloom）目标分类学中有关知识的分析、综合与评价等。

在政府和教育行政部门的大力推动下，慕课学习和翻转课堂模式正被新加坡大中小学广泛采用。新加坡国立大学附属数理高中（NUS High School of Math and Sciences）是新加坡最早从事翻转课堂实践的学校之一。在实施一个学年后的调查中发现，90％的学生非常喜欢翻转课堂这种学习形式，录制的课程对于学生的课前预习和课后复习帮助极大。[②] 新加坡裕廊景中学的李嘉昌校长因从事翻

---

① Janets Teffenhagen. Flipped classrooms create magic and controversy in B. C. schools. Vancouver Sun September 6, 2012. http://www. vancouversun. com/news/Flipped + classrooms + create + magic + controversy + schools/7202690/story. html, 2014 - 01 - 14.

② Omar Basri. Turning the Tables on History Education in Singapore: The Flipped Classroom Experience In NUS High School of Math and Science. HSSE Online 2(2), 62 - 69, 2013.

转课堂教学模式探索，于 2013 年获得了教育界的最高荣誉奖"李光耀奖"。①

美国有研究表明：学生网上学习与面对面学习，效果一样好；而网上与面对面结合起来的混合学习效果，要好于任何单一的学习形式。② 这也更加支持"慕课加翻转课堂"的教学形式在实践中的可持续性。

在我国，基础教育领域最早开始推行翻转课堂教学模式的是重庆聚奎中学。2011 年 9 月，重庆聚奎中学迫于课改"减负增效"的要求，在知晓美国在开展翻转课堂的信息后，开始在校内尝试采用翻转课堂的教学形式。2012 年 8 月，深圳南山实验教育集团基于对"未来学校"的认识，本着以教学信息化促进教学现代化、以教学信息化提升课堂教学效益的认识，开始使用翻转课堂的教学形式。这段时期，全国各地还有其他中小学如山东昌乐一中以及相关的专家学者如上海师大的学者黎加厚、华南师大学者焦建利等在进行各自的探索。

如上所言，2013 年 8 月开始，华东师范大学慕课中心和 C20 慕课联盟（地市教育局、高中、初中、小学），共同探索基础教育领域的慕课建设与翻转课堂的实施。自 2013 年 9 月开始截至 2015 年 6 月，C20 慕课联盟分别在全国的联盟单位组织召开了 30 场慕课与翻转课堂的现场教学观摩研讨与培训会，2 万余名校长和老师参加会议，一线校长和老师表现出了很高的热情，成效良好。

---

① 许翔宇. 中小学进行"翻转教室"，两教员构思获肯定［N］. 新加坡联合早报，2013－10－12.

② Daphne Koller. Death knell for the Lecture：Technology as the Passport to Personalized Education. http://www. nytimes. com/2011/12/06/science/daphne-koller-technology-as-a-passport-to-personalized-education. html? ref＝science.

在信息技术的支撑下，"慕课加翻转课堂"的教学形式是一种个性化、自主式、主动性的教学过程，被国内外学者如华东师范大学教授陈玉琨、斯坦福大学教授达夫妮·科勒（Daphne Koller）等，称为自班级授课制以来基础教育领域最大的革命。①② 然而，慕课加翻转课堂的教学形式究竟是如何改善人才培养模式的，何以能够提升基础教育质量，实施现状如何，遇到了哪些问题等，后面将会逐一分析。

三、几个概念之间的关系

慕课、微课、微视频、进阶作业、翻转课堂等概念，不少中小学教师耳熟能详，但他们的准确内涵及其相关关系是什么，不少老师还存在困惑。厘清上述几个概念的内涵及其相互关系，是有效推进慕课建设和上好翻转课堂的关键所在。

（一）慕课与微课：既有共性，也有区别

1. 慕课、微课的共性：都是"课"

慕课是大规模开放在线课程（Masssive Open Online Courses）的简称。微课即微型或微小课程的简称。慕课和微课都属于"课"的范畴。既然是"课"，慕课和微课都要具备"课"的基本要素。在我们看来，构成"课"的基本要素有四个方面：明确的教学目标，确定的教学内容，适当途径的师生交流，为深化理解而提供的必要作业等，以确

---

① 陈玉琨. 慕课：一场正在到来的教育变革[J]. 上海教育，2013(10).

② Daphne Koller & Andrew Ng. The Online Revolution：Education for Everyone. http://www.nebhe.org/info/pdf/events/conference/october2012/ppt/Ng_10－15－12.pdf.

保学生达成课程目标。[①] 如下图 1-1 所示：

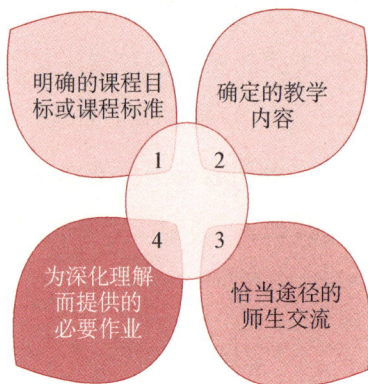

图 1-1 "课"的四个基本要素

　　微课，作为课的一种类型，同样具备上述四个要素，即明确的教学目标，确定的教学内容，适当的师生交流（在微课中主要以线上的交流为主），为深化理解而提供的必要的作业和测试，即我们常说的视频学习之后的进阶作业。所以，微视频只是微课中的一部分，是以视频的形式呈现的、比较确定的教学内容。

　　2. 慕课、微课的区别：范畴不同

　　应该说，慕课一般是一门比较成体系的网上公开课程；微课是针对一个知识点的网上课程，可以公开，也可以不公开。从起源上来看，慕课起源于国外的高校，微课更多地起源于我国的基础教育领域。

　　慕课与微课的概念是既有联系，也有区别的。慕课，有时候可以是以微视频为载体，讲解知识，进行网上交流互动；有时候，慕课也可以是以传统的方式如大型学术讲座来讲解知识，当然，这种形式有时

---

① 陈玉琨. 中小学慕课与翻转课堂教学模式研究[J]. 课程·教材·教法，2014(10)：10-17.

是受到批评的,被认为是"反慕课",即打着慕课的旗号,还是以非常传统的方式进行教学。而微课,是以微视频为载体讲解知识,如果放在网上,让大规模学生都有机会观看,并进行网上交流与互动,这时候的微课就是慕课,微课和慕课的概念是一致的,因为它满足了大规模、开放、在线的要求。当然,微课也可以不放在网上,如一位教师针对一个知识点录制了微视频,布置了进阶作业,只是让自己本班的同学观看,其他学习者看不到,这时候,微课就不属于慕课的范畴了。因为此时它并没有满足大规模、公开、在线的要求。慕课与微课的关系可以用右图1-2表示,[①]即慕课与微课有时是一致的,有时又有各自的使用范围。

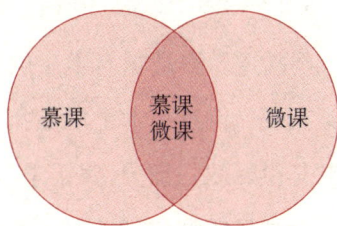

图1-2 微课与慕课的关系图

与上述观点类似,学者张胜于2014年9月14日在《中国教育报》撰文指出:"如果从慕课中抽离系统的课程设置、教学计划和考试以及学分认证等评价环节,可以清楚地看到,慕课所涵盖的几个核心概念,如'基于视频'、'在若干分钟内完成对某个知识点的教学'等内容,而这一特征恰恰与微课的概念有着密切的联系。因此,可以说慕课其实是一系列同一课程体系下微课的组合。"同时他认为,借助慕课这一平台,推进微课的开放与共享,则是充分发挥微课作用,提升其影响力的重要手段。

需要说明的是,在本书稿中,慕课与微课的概念是一致的,即以

---

① 陈玉琨. 中小学慕课与翻转课堂教学模式研究[J]. 课程·教材·教法,2014(10):10—17.

微视频为载体讲解知识点,并配合其他学习资源以及检测作业等,上传至学习平台,任何学生都可以随时学习并进行交流,满足大规模、开放、在线学习的要求。

3. 微课与微视频:"课"与"教材"的关系

微课与微视频是最容易引起一线教师混淆的一对概念,不同的学者对此的定义也不一。如前所言,微课属于"课"的范畴,具备课的上述四个基本要素。而微视频是按照课程标准的要求,教师将知识内容按照学科逻辑与学生的认知特点划分为若干较小的知识模块,运用现代信息技术手段制作的、便于学生使用的学习资源。微视频只是微课的一部分,属于学习内容的资源。微课既涵盖微视频,也涵盖教学目标设计,进阶作业,师生、生生的在线交流活动等。二者的关系可以用下图1-3表示:

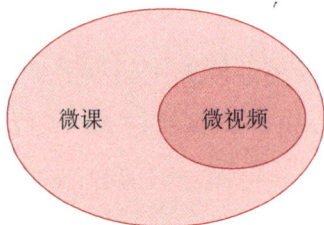

图1-3 微课与微视频的关系图

有学者认为,微课与微视频的关系就如同课与教材的关系。我们不能说把教材发给了学生,就等于这门课上完了。[①] 与此观点类似,广东佛山市教育局的胡铁生老师用"非常5+1"来形容微课的框架。"1"即是指5—8分钟的微视频,以此视频为核心,整合微教案、微课件、微练习、微反思、微点评"5"个配套资源。从此也可以看出,微

---

① 陈玉琨.中小学慕课与翻转课堂教学模式研究[J].课程·教材·教法,2014(10):10—17.

视频只是微课这个大框架中的一部分。

4. 进阶作业

课前学生学习了视频之后，为了检测学生自学的情况，教师会出几个检测性的作业题让学生完成，即进阶作业，具体而言是指为了检测学生知识学习情况的在线检测题目，"进阶"的含义是指作业的难度是拾级而上、逐渐递增的。学生做完了容易的题目，接着做比较难的题目。进阶作业是学生复习、检验与巩固所学知识的基本方法，是学生在运用所学知识解决实际问题过程中提升自己心智水平的重要手段，也是教师了解学生学习状况的基本途径。如果借助学习平台，进阶作业就可以放到学习平台上，平台可以自动统计分析学生进阶作业完成的情况。翻转后的课堂教学设计，就是教师基于学生学习情况和进阶作业完成情况来进行的。理科的进阶作业一般是以客观题如选择题、填空题、解答题的形式出现的。文科科目的进阶作业，有时是客观性的题目，有时需要学生写读后感、阅读后的思考与困惑等。

需要注意的是，为检测学生课前视频学习情况的进阶作业题目，是相对较为简单和基本的，如果学生视频学懂了，无需花费较多时间即可完成的题目。不幸的是，在大班额的情况下，如果不借助于信息技术的手段，教师批改学生作业负担很重。因而，学生互批，或者教师抽查学生作业在各地逐步出现，这对教师清晰地了解学生学习状况带来了困难。而数字技术，尤其是大数据技术在解决这些问题方面具有极大优势，学习平台和相关统计分析软件可以自动批改与统计客观作业的完成情况。这将为减轻教师工作负担，方便教师把握学情提供重要帮助。

5. 在线互动

在线互动，是借助于信息技术提供的学习平台，师生/生生进行在线交流的学习形式。对于不懂之处，或者是拓展的感兴趣的学习领域，全班、全年级乃至全球的学生都可以进行在线交流，有问题在线提出，他人可以做出回答或回应。根据斯坦福大学教授达夫妮·科勒2012年在TED大会上的演讲报告称，基于全球高校慕课学习情况，一个学生提出问题后，无论是白天或者夜晚，平均28分钟后就会有同伴做出回答①。这也是基于连通主义的慕课提倡者设计慕课教学的初衷和本意，让全球的学习者，基于研究专题或兴趣，在线学习、交流与分享。所以，在线互动是慕课学习的重要组成部分。

在中小学尤其是初中和小学阶段慕课学习过程中，学生的在线学习与交流，刚开始时需要教师的引导和家长的帮助。教师通常以制作学习导引单或指导单的形式对学生网上学习的内容、学习的方式、需要达到的目标和注意的问题等，进行明确指导。帮助学生营造良好的学习环境，在学生自觉性不足时，给以必要的规范、约束和指点。教师和家长做好沟通，相互支持配合，为学生的学习、发展做好引导、支持与保障。

6. 慕课与翻转课堂

这两个概念看似没有什么关系，但其实不然。尤其是在中小学，二者是更紧密联系的有机整体。学生的慕课学习是翻转课堂的前提和基础，翻转后的课堂是慕课学习的巩固、深化和拓展，两者是有机的整体，各自都有自身的优势。

如前所言，慕课是大规模开放在线课程，是学生在线学习的一种方式。慕课学习的最大优势是个性化、自主性和开放性，围绕特定的

---

① 达夫妮·科勒. TED演讲：我们从在线教育学到了什么[EB/OL]. http://v.163.com/movie/2012/6/A/7/M90Q0483H_M90Q087A7.html. 2015 - 12 - 12.

学习主题或者基于学习的兴趣,学生可以以自主的节奏、自己喜欢的方式,在恰当的时间和地点随时进行学习。不懂之处可以网上求助他人,对于他人的提问,自己也可以作出回答或回应。慕课学习极大地解放了学生学习的时间和地点,属于泛在学习的范畴。只要愿意,学生随时随地都可以学习。

但是,我们知道,对于中小学生而言,教师对学生的当面指点和引导,学生之间面对面的交流、质疑等,都是学生成长和发展必不可少的重要学习形式。因而,截至目前,我们认为,无论在线教学的形式多么发达、多么人性化,人与人之间的当面交流,教师对学生的当面教导,都是必不可少的。

然而,当前的问题是,围绕一个主题或知识点,学生在课外进行了慕课学习,掌握了基本的知识要点,甚至有的学生通过自学完全学会了这些内容。随着信息技术越来越发达,这种趋势是越来越凸显的。在这种情况下,课堂上,如果老师还是按照以往的或者说现在的教学方式,以知识讲授为主,让学生以听讲学习为主,这种教学方式可行吗?显然是不行的,学生的无聊、厌学情绪将油然而生。但最为主要的是这样的教学方式耽误了学生,尤其是资优学生成长与发展的最佳时机。

所以,在学生已经学了乃至学会了基本知识的情况下,来到课堂上,老师该教什么?怎样教?就是一个不得不重新思考的时代新课题。翻转课堂的概念就基于此产生。借助于信息技术,学生在课前通过学习平台先行自学老师录制的教学微视频和推荐的其他学习资料,对知识内容有初步的理解和识记,完成进阶作业;课堂上,老师基于学生课前的学习情况,对学生自己学不会的内容重点讲解,和学生一起解决疑难,完成作业,并进一步巩固强化,拓展深化,创造探究,发展学生的综合素质,并对学生给予个性化的指导,让每个学生在课堂上都有发展的空间和机会。

因而,学生课前的慕课学习,如微视频学习、进阶作业、在线互动,是翻转课堂的重要组成部分,是翻转课堂中课前教学的形式与内容;而课堂中的教学,即翻转后的课堂,是学生慕课学习之后必不可少的环节,是学生慕课学习的深化、强化和拓展。因而,说到翻转课堂教学,至少包括两部分的教学,课前的教学与课堂中的教学。课前的教学,在信息技术时代主要是慕课学习的形式;课堂中的教学,即是翻转后的课堂教学。两者的定位和功能是不同的,课前慕课学习的主要任务是完成知识的识记和理解,即安德森认知目标分类体系中的底端的两个层次;而翻转后的课堂教学,主要任务是发展学生的高级思维能力,如知识的应用、分析、评价与创造等,解决学生自学不能学会的问题,在师生、生生面对面交流的环境中进行能力的提升、过程与方法的训练、情感态度价值观的培养等。慕课教学与翻转后的课堂教学的关系如下图1-4所示:

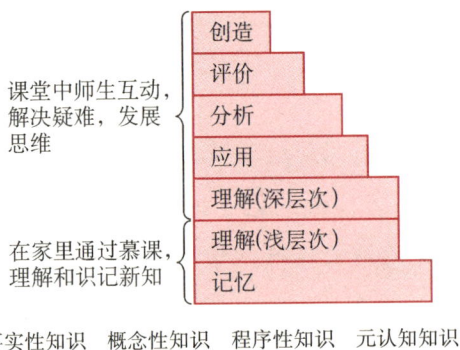

图1-4 基础教育阶段学生课前慕课学习与课堂教学定位关系图

安德森认知目标分类体系可参见:洛林·W·安德森(Lorin W. Anderson)等编著,蒋小平、张琴美、罗晶晶译.布卢姆教育目标分类学修订版(完整版):分类学视野下的学与教及其测评[M].北京:外语教学出版社,2009:30—69.

应该说,学生课前的视频学习更多地属于被动学习,即通过观看教学视频、阅读资料来学习;翻转后的课堂中的学习,更多地属于主动学习的形式,如动手实践,小组交流,实验探究,设计方案等。从教学的角度而言,课前的视频教学更多属于讲授式教学,课中的教学更多地属于探究式教学。其实,就学生的学习而言,教师讲授和主动探究都是必需的。诚如布卢姆所言,所有的教学都是从教导式到辩证式排列的,如果说教导式教学处于教学序列中的一端,辩证式教学处于序列中的另一端,任何一种教学形式都是处于这两端之间的一点上,有的教学形式更侧重于教导,有的教学形式更侧重于辩证。①

那么,什么时候采用讲授形式,什么时候采用探究形式的教学,是需要根据学习内容以及师生实际情况而定的。就学习内容而言,新知识的学习,尤其是在学生对该领域一无所知的情况下,教师的讲授是必不可少的,也是非常高效的教学形式。学生被动接受新知在很多情况下是必须的,也是学生发展的重要方式方法。而诸如和学生的人生经历、生活经验有关的知识学习,学生并不陌生,鼓励学生探究、讨论和反思等或许是更好的学习形式,如研究性学习、社会实践学习等。如果学生的学习基础比较差,讲授式教学会更显优势。反之,如果学生学习基础较好、学习能力比较强,那么,学生在自学的基础上就会更加喜欢探究式学习。

目前的问题是,我国当前的班级授课制背景下的课堂教学过多停留于教师讲解、学生被动学习这种教学形式,而对主动探究式学习形式关注不够。传统的教学形式对知识的理解和记忆是大有帮助的,但是对于知识的运用、分析、综合、评价等高级思维能力的发展是

---

① [美]B·S·布卢姆等著,邱渊等译. 教育评价[M]. 上海:华东师范大学出版社,1987:19.

不利的。而翻转课堂的教学模式,兼顾了这两种学习形式的优点,将教师讲授新知的部分录制成教学视频,让学生课前自学,课堂上师生或生生更好地探究、讨论、动手实践。因而,国内外的学者如斯坦福大学的达夫妮·科勒,华东师范大学的陈玉琨等,都把"慕课加翻转课堂"的教学形式,看作是效率与个性的统一,既能满足大规模学生受教育的需要,又能改善学生学习的个性化问题,是学生主动学习和被动学习有机结合的学习形式。[①]

第二节　慕课加翻转课堂:教学范式的转移

本节主要阐述慕课和翻转课堂的教学模式是如何促进学生综合素质发展以及是如何促进拔尖创新人才的培养的。

一、讨论的基础:安德森认知目标分类体系

围绕特定领域的学习内容,1956 年,美国著名的教育评价学者 B·S·布卢姆把学生认知领域的发展划分为如下几个层次:知识、领会、应用、分析、综合与评价[②],如下图 1 - 5 所示。半个世纪以来,布卢姆的认知目标分类体系对全世界的中小学教师产生了重要影响。

---

① 陈玉琨. 慕课,一场正在到来的教育革命[J]. 上海教育. 2013. 10A.
② [美]B·S·布卢姆等著,邱渊,王钢,夏孝川等译. 教育评价[M]. 上海:华东师范大学出版社,1987:528—532.

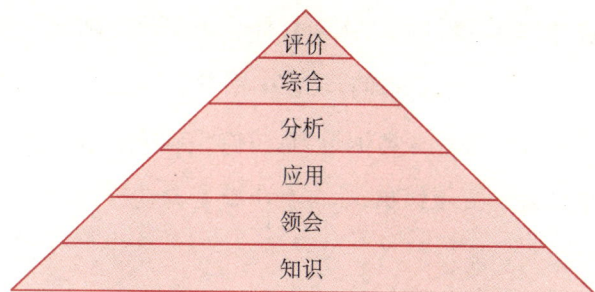

图 1-5　布卢姆认知目标分类体系

2001 年，学者洛林·W·安德森等，对上述认知目标分类体系进行了修订，将"知识"分为两个部分：一是按名词来理解"知识"，安德森等将"知识"分为用于表述基本现象或事实的"事实性知识"，表明几个事实共同要素的"概念性知识"，做某事的准则或方法的"程序性知识"，以及对认知或自我再认知的"元认知知识"；二是将"知识"作为动词来理解，即记忆或回忆的意思；同时，将"领会"修改为"理解"，将"综合、评价"修订为"评价、创造"，如下图 1-6 所示①：

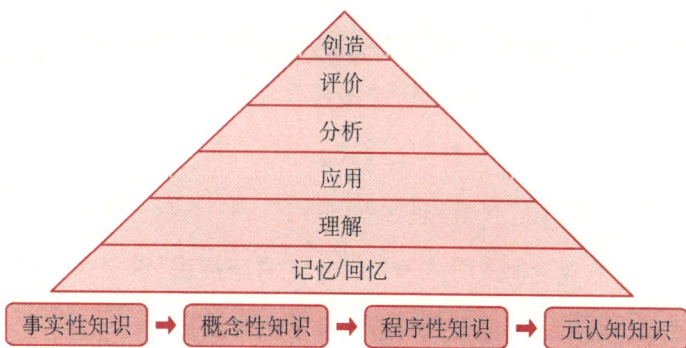

图 1-6　安德森等对布卢姆认知目标分类体系的修订

---

① 洛林·W·安德森等编著，蒋小平，张琴美，罗晶晶译. 布卢姆教育目标分类学修订版（完整版）：分类学视野下的学与教及其测评［M］. 北京：外语教学出版社，2009：30—69.

应该说,安德森修订后的认知目标分类体系更加符合学科知识和学习的特点,其用语也更加容易被中小学老师所理解。这里,我们基于安德森的认知目标分类体系,来讨论"慕课加翻转课堂"的教学方式对于推动教学范式转化,促进学生综合素质发展以及高层次认知发展的价值与功能。

二、课堂讲授加课后作业:侧重于知识"记忆与理解"的教学模式

多年的教学实践表明,对于安德森认知目标分类体系中任一类型的知识,事实性知识、概念性知识、程序性知识或者元认知知识,如果要求学生停留在"记忆"和"理解"的层次上,显然,教师讲、学生听,以纸质的作业作为巩固与强化的教学方式,是极为高效的。与写纸质作业的方式相类似,以纸笔测试形式来评价教学成效,也是非常适合的。所以,在知识的"识记"与"理解"层面,当前教师讲、学生听的教学方式和纸笔测试的评价形式还是非常适合的,效益也是挺高的。这样的教学与评价方式基本上构成了一个闭路循环,如下图1-7所示。也诚如帕特里克·塔克尔(Patrick Tucker)在《赤裸裸的未来》一书中对传统的教学模式所描述的那样:**"讲座授课(讲授式教学)就使得考试成为必然。考试使得讲授式教学更为重要"**。[①]

显然,这是我国基础教育长期以来的教学实践现状,侧重于对知识的记忆和理解。课堂上教师讲授、学生听讲为主,以纸笔测试的形

---

① [美]帕特里克·塔克尔著,钱峰译. 赤裸裸的未来——大数据时代,如何预见未来的生活和自己[M]. 南京:江苏凤凰文艺出版社,2014:176.

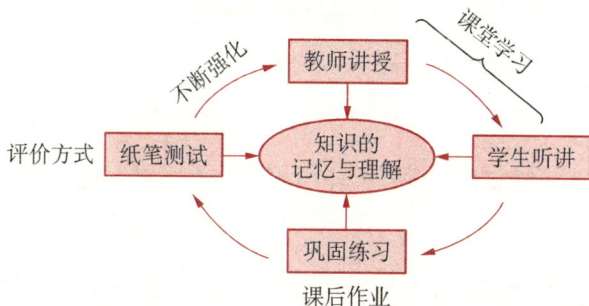

图1-7 传统的教学模式：侧重知识的"记忆与理解"的教学循环模式图

式评价学生。上述教学模式的不断循环，对于夯实学生的基础知识与基本技能也是非常高效的。这也是我国基础教育阶段"基础扎实"的突出表现。其实，也就是安德森认知目标分类底端"识记和理解"的教学成效好。这也是我国基础教育为国人骄傲和自豪之处。该教学模式对于培养"数以亿计的高素质劳动者"做出了巨大贡献，这也是当前我国成为"制造大国"的重要原因之一。这样的教学模式对我国的经济发展曾经起了非常重要的作用。

然而，在看到成效的同时，我们也很容易看出上述教学模式/范式的不足：该教学模式对学生高层次认知能力（应用、分析、评价、创造）发展、对高层次人才的培养关注不够，或者说禁锢有余，发展不足。随着我国社会的发展，经济发展需要转型，从制造大国走向创新大国。经济社会发展要转型，教育首先要转型。只有如此，才能为经济和社会发展提供人才保障和支持。因而，如何在社会转型的大背景下，为国家培养出"数以万计的专业技术人才和一大批拔尖创新人才"，这就迫切需要教育的改革，需要学校人才培养模式的转变。

就人才培养模式而言，需要在传统的培养扎实知识和技能的基础上，发展学生的高层次认知能力，培养学生的创造能力，让每个学生都能得到最好的发展,而信息技术社会下的"慕课加翻转课堂"的教学模式无疑为此提供了良好的载体。

三、慕课加翻转课堂:侧重于知识的"应用、分析、评价"的教学模式

初步研究表明,培养学生的高层次认知能力如知识的应用、分析、评价等,其教学方式需要更加凸显**"教师引导下以学生为主体的教学"**,对学生学习的评价需更加强调学生的**"展示交流、问题解决、项目完成"**等方面内容,并不断强化。

如前所言,慕课加翻转课堂的教学模式,兼顾了学生认知从低层次到高层次水平的发展。学生课前的慕课学习主要任务是完成知识的识记和理解;而翻转后的课堂教学,主要任务是发展学生的高级思维能力,如知识的应用、分析、评价与创造等,解决学生自学不能学会的问题。在师生、生生面对面的交流环境中,进行能力的提升,过程与方法的训练,情感态度价值观的培养等,即发展学生高级思维能力,如下图1-8所示:

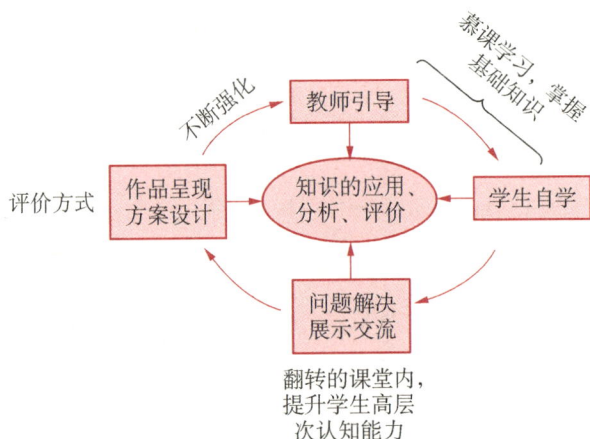

图1-8 "慕课加翻转课堂"的教学模式:侧重于知识的"应用、分析与评价"的教学模式循环图

所以,传统课堂教学中"来不及做"的师生、生生的讨论交流、动手实践、探究发现等教学活动,在翻转后的课堂上会有比较充足的时间保障。

四、慕课加专家指导:支持学生"创造"的教学模式

"创造"这个最高级的认知能力,其教学范式更加凸显学生的自主探究,专家型教师的支持与辅导,评价方面既要鼓励新发现,更要宽容失败,并不断强化。围绕某个主题,学生通过慕课学习的形式,有机会接触该领域的顶尖级科学家或教师,并能和感兴趣的同伴在线交流。而在和专家面对面的交流中,专家的指导、帮助和点拨也可以更具有针对性。如下图1-9所示:

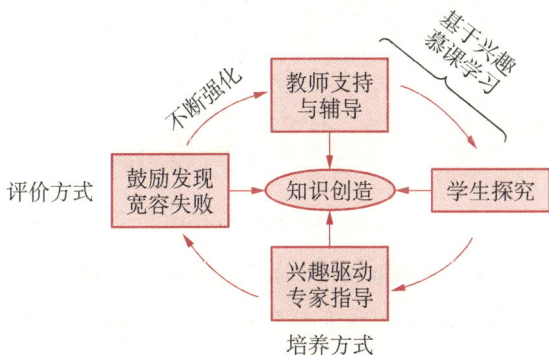

图1-9 "慕课学习加专家指导"的教学模式:侧重知识"创造"的教学模式循环图

五、转化人才培养范式,培养学生高层次认知水平发展

如何促进教学范式从当前比较重视知识的"识记和理解"的教

学,逐步转向重视知识的"应用、分析、评价和创造"的教学？显然,借助于信息技术带来的便利,慕课加翻转课堂的教学形式,是实现这一转变的重要路径和实施形式。如上1-7图所示,对于知识的"记忆与理解",传统的教学方式即教师讲、学生听的方式是非常适合的,也是非常高效的。而对于学生高层次认知能力的发展,如"知识的应用、分析、评价"等认知水平的提高,翻转课堂是非常适合的,如图1-8所示。原因如下:基于信息技术提供的便利,课前(余)的时间,学生在教师的引导下,观看教学微视频,学习其他资料,完成进阶作业,遇到不懂的地方也可以在线上和同伴交流,这主要是慕课学习的形式,该阶段学习的主要任务是完成安德森认知目标分类学底端的两个层次,即知识的识记与理解。而在翻转后的课堂上,就有了更多的时间、空间和机会,生生、师生一起完成作业,解决疑难,展示交流,讨论质疑,动手实践,合作完成项目等,这些都是学生高层次认知能力如分析、综合、评价等发展的重要条件和路径。

对于知识的"创造",则更加强调学生学习的自主性与自发性,共同兴趣者的交流与合作,教师的支持与辅导。而这恰恰又是慕课学习的优势所在,也是慕课的最初提出者加拿大学者乔治·西蒙基于"连通主义"学习理论设计慕课教学的初衷。所以,利用信息技术带来的便利,慕课加翻转课堂的教学形式对于促进学生高层次的认知发展,满足学生个性化学习的需求,有着结构上的优势与保障,如图1-9所示。

上述几种教学模式即侧重知识的"记忆和理解"的教学模式、侧重知识的"应用、分析、评价"的教学模式、侧重知识"创造"的教学模式,它们之间是相互贯通,可以相互转化的,如下图1-10

所示：

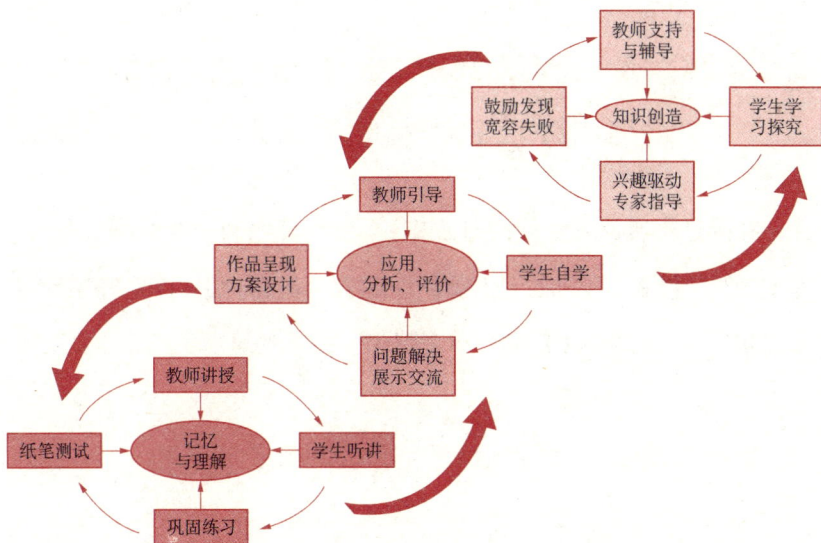

图 1-10　侧重于知识的不同认知层面的教学模式相互转化图

当前教学模式或者说教学范式变革的重点就是，从第一种侧重知识的"记忆和理解"传统教学模式，转向侧重知识的"应用、分析、评价"的"慕课加翻转课堂"教学模式。在此基础上，或者是与此同时，对于少数在某个领域有特殊兴趣和特别天赋的学生，采用第三种侧重知识"创造"的培养模式。

所以，慕课加翻转课堂的教学形式，对于夯实学生的知识基础，发展学生的高层次认知能力，培养学生的动手实践能力，有着结构上的保障和支持，而初步的教学改革实践也表明了这一点。对此，本书第五章将进行详细叙述。

第三节　慕课加翻转课堂：教学结构的优势

在推进翻转课堂实施的过程中，不少研究者和一线教师在思考，课堂为什么要翻转，较之于传统的课堂教学结构，翻转课堂教学有什么优势？对此，翻转课堂的倡导者提出了如下的思考：

一、听讲知识 VS 完成作业：学生什么时候最需要老师？

翻转课堂的倡导者认为：学生最需要老师的时候，不是听老师讲解知识的时候，而是做作业遇到困难的时候。[1][2]

他们认为学生听教师讲授知识这一环节，即以往教学模式中占据课堂教学大部分时间的环节，可以通过课前观看微视频的方式来实现。老师通过精心设计，用心讲解，将知识讲解的环节录制成短小精悍的教学微视频，学生通过在家或课堂外的时间学习微视频，可以达到理解新知的目的。更为主要的是，学生通过微视频学习知识，可以自主控制节奏，听不懂的再听一遍，回过来再次学习，听懂了继续前进。而课堂上齐步走的教学节奏，不能满足每个学生学习差异化的节奏和个性化的需求。

---

[1] Jonathan Bergmann & Aaron Sams. Flip your Classroom: reach every student in every class every day. ISTE ASCD. 2012.

[2] Jonathan Bergmann & Aaron Sams. Flip Your Students' Learning. Educational Leadership. 2013(3). pp. 16 – 21.

翻转后的课堂内，师生在一起的时间，学生完成作业，遇到困难就可以及时寻求老师和同学的帮助。而不像以往，在家里做作业遇到困难时无人帮助。有时候爸妈想帮，但是帮不了。学习自主性比较高的学生，或许会等到第二天，到学校问老师或同学；自主性不高的同学，遇到困难不能解决也就不了了之了，老师也无法控制，长此以往，很可能就成了"差生"。诚如上海建平中学的副校长郑朝晖所言："翻转课堂教学模式，把以往学生在家里做作业这一教师不可控的环节，放在了课堂内，教师就可控了。对学生的学习效果一定是好的。"

二、听讲知识 VS 完成作业:哪项活动更复杂?

大概不会有人否认，学生听讲知识，是知识的吸收和理解的过程，是处在安德森认知目标分类体系底端的；而完成作业，更多地是知识的分析、应用、评价和创造的过程，这是处于安德森认知目标分类体系顶端的。学生在家里而不是在学校里完成更为复杂的学习任务，我们认为是不妥的，毕竟，在家里遇到困难时，是没有老师和同学的帮助的。

按照以往的教学模式，可以得出这样的结论:学生在教室内和教师在一起的时候，从事的是简单的、低级的认知活动；学生在课外或家里不和老师在一起的时候，从事的是复杂的、高级的认知活动。如下图 1-11 所示。显然，这是不妥当的。

把课堂教学模式"翻转"一下，简单的、低级的认知过程即知识的识记与理解过程，放在课外或家里，学生自己完成；复杂的、高级的认

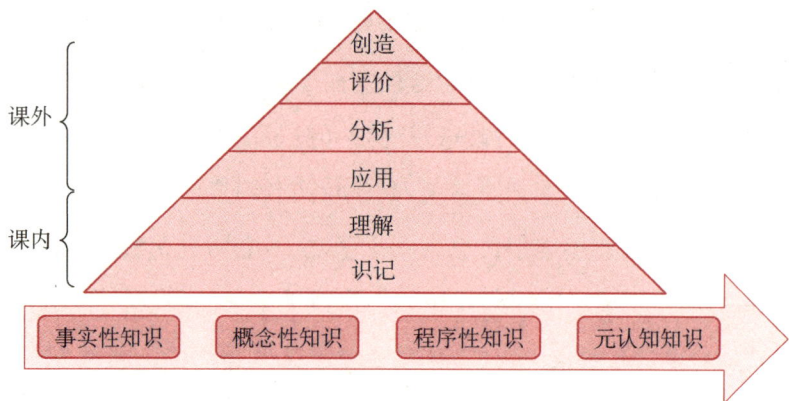

图 1-11　传统课堂教学模式下学生课内/课外学习分工图

知过程,放在课堂内,师生、生生一起完成,显然更合理。如下图 1-12 所示:

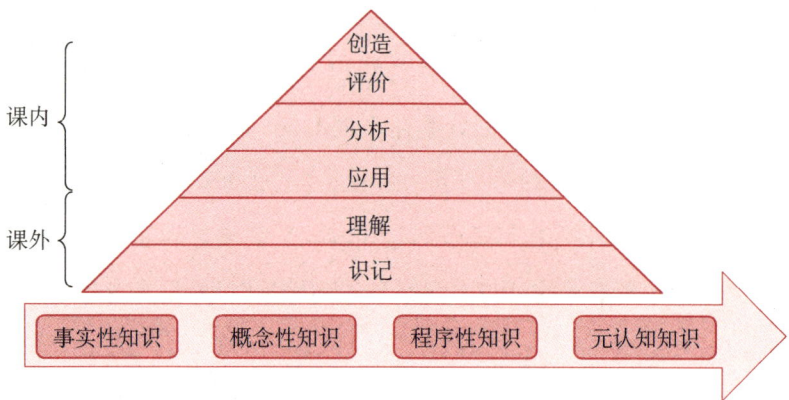

图 1-12　翻转课堂教学模式下学生课内/课外学习分工图

三、通过屏幕获取知识:是否靠谱?

对翻转课堂存在疑虑的教师和家长认为,教师当面给学生讲授知识,一定是学生学习中必不可少的,学生通过观看教学微视频学习知识有点不靠谱。事实是否如此呢?

对于今天的孩子、这一数字化时代的原住民而言,事实并非完全像老师和家长所想的那样。斯坦福大学教授达夫妮·科勒 2011 年在《纽约时报》上发表了一篇名为《讲授式教学的丧钟:技术成为个性化学习的护照》的文章,文中提及:2010 年,美国教育部门基于 45 项研究表明,学生在课堂上学习知识与在线学习知识,学习效果是一样的,而两种方式相结合的混合学习的效果,则好于其中任何一项单独的效果。①

2014 年 10 月 20 日,美国《时代周刊》刊登的文章"无纸化教室正在到来"一文,文章指出:孩子们更喜欢从屏幕上获得知识,而不是从纸上。他们在课堂结束时会发出惋惜声,数字化的课堂结束得太快。实际上孩子们的注意力在屏幕上集中的时间更长②。

华东师范大学慕课中心在 2014 年 12 月对全国 1 749 名正在从事微课学习和翻转课堂教学的中小学生进行了如下的调查:"看视频学习知识和课堂上听老师讲授知识两种方式,我更加喜欢(　　)A. 看视频、做练习,自己学习的方式;B. 课堂上直接听老师讲授;C. 两种方式都可以;D. 说不清楚",对该题目,选择 A 的学生有 504 名;选择 B 的学生有 320 名;选择 C 的学生有 876 名;选择 D 的学生是 49 名。如下图 1 - 13 所示:

图 1 - 13 表明,50% 的学生认为,课堂上听老师讲授知识与通过视频学习知识,这两种方式都是可以的。29% 的学生选择更加喜欢

---

① Daphne-Koller. Death knell for the Lecture: Technology as the Passport to Personalized Education. http://www. nytimes. com/2011/12/06/science/daphne-koller-technology-as-a-passport-to-personalized-education. html? ref = science.

② Michael Scherer/Calistoga, Calif. Thepaperlessclassroomiscoming . http://time. com/3483905/the-paperless-classroom-is-coming/. 2014. 10. 27.

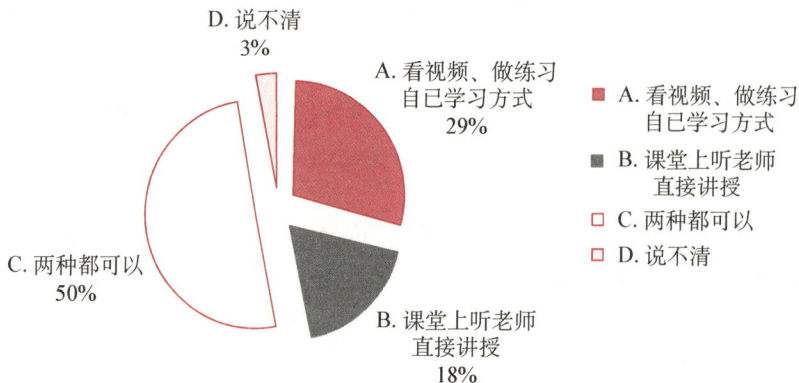

图 1-13　看视频学习知识和课堂上听老师讲授知识两种方式的学生学习偏好统计图

"看视频学习知识"，18％的学生选择更加喜欢"课堂上听老师讲授"，还有 3％的学生选择了"说不清楚"。

　　这里需要强调的是：事实上，对我国大多数中小学的大多数教师来说，微视频还是一刚刚开始接触的新事物，制作的质量有不少还很不如人意。如果，我们教师制作的微视频质量能得到进一步的提升，更生动与活泼一些，相信喜欢视频学习的孩子一定会更多。

　　这说明，今天数字化时代的孩子，对于通过屏幕学习知识的形式，他们是非常喜欢、也是很乐意接受的。实践中也表明了这一现象，在学校推进慕课建设和翻转课堂教学变革的过程中，学生的接受速度很快，也很喜欢这种教学形式，反而有时候是老师接受起来更为慢一些。

四、如何实现高效学习：主动学习与被动学习

　　1946 年，美国著名的视听教学专家爱德加·戴尔（Edgar·Dale）在《视听教学法》（Audio-visual methods in teaching）中最早提出了学习的"经验之塔（Cone of Experience）"的架构，并于 1954、1969 年对

其进行了修订,其1969年的版本如下图1-14所示①。

经验之塔

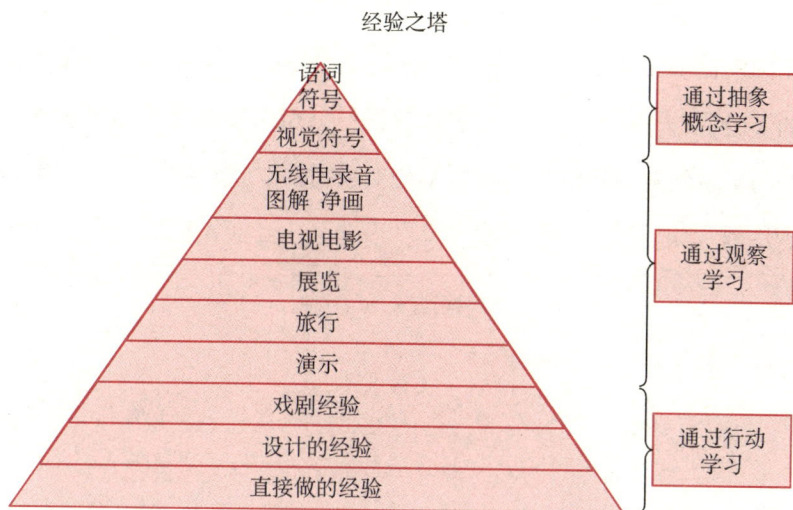

图1-14 埃德加·戴尔的学习经验之塔

资料来源:埃德加·戴尔著.章伟民译.经验之塔(上、下)[J].外语电教,1985(1)、(2).

"经验之塔"是一种关于人类学习经验分类的雏形,用来说明学习经验从直接参与到向图象替代,再到抽象符号表示的逐层发展的过程。该理论认为,人们的学习经验总体可以分为三人类:(1)通过"做"获得的学习经验,包括有目的、直接的经验,设计的经验和演剧的经验。(2)通过"观察"获得的学习经验,包括观摩演示,见习旅行,参观展览,电视电影,广播,录音,图片,幻灯,静画等活动获得的经验。(3)通过"抽象"获得的学习经验,也就是使用符号的学习经验,包括视觉符号和词语符号。上述金字塔的"经验之塔"中,越是塔基的活动,经验越是具体和直接。越是塔尖的活动,经验越是抽象和间接。学生学习时,借助于视听技术,可以让抽象间接的经验以具体直

---

① [美]埃德加·戴尔著,章伟民译.经验之塔(上、下)[J].外语电教,1985(1)(2).

接的形式表达,从而提高教与学的效益。①

以人类学习的"经验之塔"为基础,戴尔本人几经修正,美国缅因州国家训练实验室(National Training Laboratories)也做了不少类似的实验,对人类学习的"经验之塔"进行了修订,把教师使用的教学方法与学生学习内容的平均保留率相对应,提出了著名的"学习金字塔理论图",如下图 1-15 所示:

学习内容平均留存率

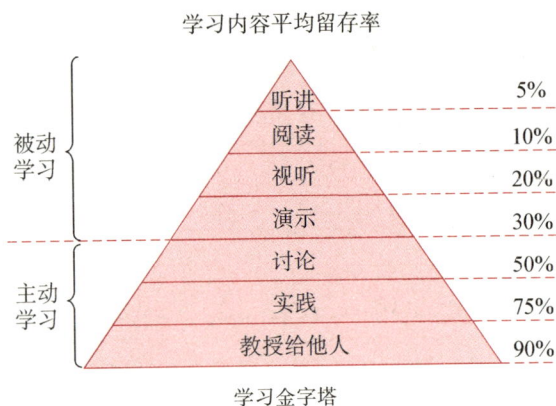

学习金字塔

资料来源:国家训练实验室美国缅因州

图 1-15　学习金字塔图形

资料来源:参见 Jams P. Lalley, Robert H. Miller. The Learning Pyramid: Does it Point Teachers in the Right Direction? Education 128. 1 (Fall 2007):65-79.

尽管不少学者如萨尔赫摩尔(Thalhermer,W.,2006),莫林达(Molenda,M.,2003),克菲和吉布斯(Coffey,M. and G. Gibbs,2002)等对学习金字塔的来源、理论假设和观点持怀疑态度。但与此同时也有不少学者认同该理论,还有学者做了相关的实验,再次肯定

① [美]埃德加·戴尔著,章伟民译. 经验之塔(上、下)[J]. 外语电教,1985(1)(2).

了学习金字塔理论揭示的主要观点。[①]

从上述学习金字塔图可以看出,学生通过听讲、阅读、视听以及观看演示等比较被动的方式来学习,学习内容的平均保留率是较低的;而通过小组讨论、动手实践、教授给他人或者是运用所学知识等主动学习方式,学习内容的平均保留率是比较高的。

本研究是比较认同学习金字塔理论对学习方式和学习内容保留率之间的关系的,但是对于其中的一些数字也是持怀疑态度的,如每种学习方式的平均保留率究竟是否是上面所标注的 5%,10%,是受到具体的学习环境、学习者的特点、讲课者的特点等各种因素制约的。但整体而言,被动学习方式不如主动学习方式对学习内容的保留率高,这一点应该是可以肯定的。

把学习金字塔理论与翻转课堂结合起来看,翻转课堂之所以会比传统的课堂教学要高效,原因在于学生听讲、阅读、视听等被动学习形式移到了课前,即课前的慕课学习;而课堂上则留出了更多的时间和机会,让学生以主动学习的形式来学习,如动手实践、小组交流研讨、知识应用、讲授给他人听等。这正是翻转课堂教学结构的关键所在,不少从事翻转课堂实践的教师和学生都证明了这一点。

---

① Thomas Lord. Revisiting the Cone of Learning: Is it reliable way to link instruction method with knowledge recall? Journal of College Science Teaching. Nov/Dec. 2007;37, 2. pp. 15 - 17.

慕课加翻转课堂教学流程与结构

使用新技术最好的方式通常不是简简单单地使用机器代替人工，
而是对生产流程和组织结构的重新设计和再造。
——《第二次机器革命:数字化技术将如何改变我们的经济与社会》
的作者埃里克·布莱恩约弗森(Erik Brynjolfsson)

　　翻转课堂的定义前文已述，即课前学生在教师的指导下学习教学微视频和其他资料，形成对基础知识的基本理解；教师在充分掌握学生学情的基础上，在课堂内有针对性地讲解、指导，师生一起完成作业，解决疑难、创造探究等。就翻转课堂教学的结构而言，翻转课堂包括三个环节：即课前的教学，学情的分析，课中的教学。针对这三个环节的教学任务与策略，教师需要整体设计，统筹安排。

　　具体而言，教师如果要上好翻转课堂教学，需整体设计课前教学的任务和重点以及课堂中教学的任务和重点。在翻转课堂教学结构中，课前的教学不是课堂教学的整体前移，课堂中的教学也不是课前教学的再次重复。二者的任务分工是不同的，课前的教学是以学生的自学为主，学生在教师的指导下（口头指导或书面指导），自学微视频、教材和其他资料，完成进阶作业，达到对所学内容的基本识记与理解，并进行初步探究，如总结收获，提出困惑等。课堂中教学的主要任务是通过师生、生生间的合作交流，共同答疑解难，达到知识的内化与巩固，能力的锻炼与拓展，情感态度价值观的提升，综合素质的培养，尤其是创新精神和动手实践能力的培养。可以说，翻转课堂教学，课前的教学主要是完成低层次认知水平的发展，课堂中的教学主要完成高层次认知水平的发展。简述如下：

　　第一，教师做好指导，学生课前自学。学生课前的自学，需要在教师的指导下进行，尤其是刚开始上翻转课时更需如此。教师的指导可以是学习指导单或学习任务单等书面的形式，也可以是口头指导的形式。指导的内容主要是帮助学生明确课前自学的目标、学习内容，提供建议的学习方法，明确课前需要完成的作业等。学生在教师的指导或引导下进行自学，达到知识的识记、理解，进行初步探究，如完成进阶作业、总结收获、提出问题等。

可以说，课前教学的成效决定着翻转课堂教学质量的高低。课前学生自学到位，课堂上的教学内容会更深入，学生积极学习的时间会更多，师生交流也会更深入。如果学生课前自学不到位，课堂上教师的教学很可能还是按照以往的模式进行，达不到翻转课堂应有的目的，发挥不了翻转课堂教学应有的优势。诚如某中小学教师所言："**学生课前自学不到位，课堂上就翻转不过来**"。

第二，学情分析与二次备课。教师在上课前需尽可能充分把握学生课前自学的情况，哪些学生已经全部掌握所学内容，哪些学生对哪些内容没有掌握。对于该学习主题，学生提出了什么困惑和问题，其他同学进行了怎样的回答和反映。这是翻转课堂教学的第二个环节，也是上好翻转课非常重要的环节，实践中常被老师忽视。只有充分把握了学情，课堂中的教学才能更具有针对性，才能真正提升课堂教学效益，提升课堂教学质量。学校如果有学习管理平台，教师会更加方便掌握学生学情，学习平台可以自动统计分析客观题的作答，记录学生平台登录以及视频观看的时间，呈现学生在平台上提问以及其他同学回应的情况等，减轻教师批改学生作业的负担。学校如果暂时还没有这样的学习管理平台，教师只能通过较为传统的方式，如亲自批改学生的纸质作业或上课时大体浏览学生作业来了解学情，这样教师就要付出较多的时间和精力，对学情的掌握也未必有学习平台那样详细和精确。

上述两个环节,都是在课堂教学之前需要完成的。这两个环节的教学,直接影响着课堂中教与学的质量。因而,保障学生课前学习质量,充分把握学情,是成功实施翻转课堂教学的关键。基于学生课前自学的情况,在充分把握学情的基础上,教师需再次设计与调整课堂教学的内容、教学重点、教学策略或组织形式,也就是"二次备课"。"二次备课"是相对于之前教师为翻转课堂进行的"整体备课"而言的,是在掌握学生课前学习情况基础上对课堂教学的再调整、再设计。

第三,课堂中有针对性地教与学。一般而言,课堂中的教学,是在学生课前学情的基础上展开的。在课前教学的基础上,课堂教学要让每个学生在原有的基础上都有提升和发展。对于学生课前没有学会的内容,教师需有针对性地重点讲解,即**精讲**;对于学生提出、同学解决不了的问题,教师需帮助解答,即**解疑**;对于学生没有意识到的重点或难点,教师需给予**提醒**或**激疑**;需要提升和升华之处,教师需帮助**提升**。因而,翻转后的课堂,需要充分利用师生、生生面对面交流的情景,进行深层次的互动与研讨,激发学生的深度思维。显然,这对教师的专业素养和课堂驾驭能力提出了更高的要求。

翻转课堂教学三个环节之间的关系可依下图2-1所示:

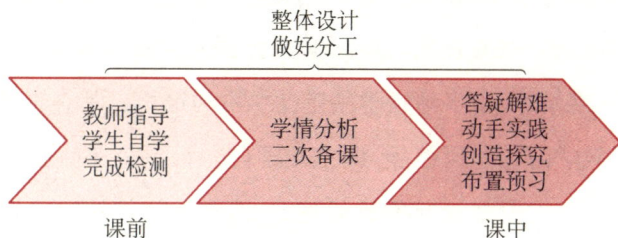

图 2-1 翻转课堂教学的结构与流程图

接下来分别阐述这三个环节教学的任务和重点：一是课前的整体备课与教学准备；二是课前基于数据分析的二次备课；三是课堂中有针对性的教学。

第一节　整体备课与课前指导

如前所言，翻转课堂所包含的课前的教学与课堂中的教学，二者是一个有机的整体，是优势互补的关系，而不是相互重复的关系。二者都非常重要，任何一个环节进行不好，都会影响翻转课堂教学整体的教学质量。那种认为课前教学是课堂教学的预备、是辅助课堂教学的观点，笔者是不认同的。上翻转课堂，需要教师整体备课，整体考虑课前教学的内容与重点、课堂中教学的内容与重点分别是什么，做到二者的优势互补。如前所言，从安德森认知目标分类学的角度来看，课前教学的主要任务是完成知识的理解与识记等低层次认知活动，学生的学习方式较为被动；而课堂教学的主要任务是完成知识的应用、分析、综合、评价与创造等高层次认知的发展目标，学习方式也更为积极主动。课前的学习是学生个人进行知识的吸收与理解，更多地是被动学习的过程。而课堂上更多是学生的讨论交流、动手操作、个人展示等，更多地是学生主动学习的过程。课前的视频教学不是课堂教学内容的压缩版，课堂教学内容也不是课前微视频教学的放大版。两者不是相互重复的关系，而是优势互补的关系。视频教学不能实现翻转后的课堂教学的功能，翻转后的课堂教学也无需再次呈现视频教学已经完成的任务。

实践中我们也确实发现,有少数教师,把课前的视频教学当成了压缩版的课堂教学,把课堂教学视作了放大版的视频教学。二者相互重复,不仅拉长了学生学习的时间,而且未能达到翻转课堂教学应有的效益。有关各学科翻转后的课堂教学该如何开展,在后面的章节中会有详细的阐述。本节主要阐述课前教学的思路和重点。从教师的角度而言,课前教学主要包括如下几项活动:

一、整体备课,制作清晰的学习指导单

学习指导单,有的教师称之为学习任务单、学习导引单、教学指导单,还有的学校称之为学生学习学力单、学习卡等。名称不一,含义一致。它是进行翻转课堂教学时指导师生课前与课中教与学活动的教学设计单,清楚地表明学习的目标任务、学习的内容、学习方法、学生需要完成的作业等。学习指导单可以以纸质的方式发送给学生,也可以以电子版的形式发送到师生共用的教学平台上。学习指导单能指导师生整体的教学活动,更为重要的是还能指导学生的课前学习。尤其是在刚开始采用翻转课堂教学模式的时候,学习指导单更是帮助师生更好地完成教学任务的"拐杖",对保障和提升翻转课堂教学质量有重要价值。

学习指导单上一般写有:学习目标,学习内容,学习方法,学习注意事项,进阶作业题目,课堂上准备做什么等。学生在学习指导单的指导下完成课前自学任务,以便顺利进入课堂中的教与学活动。青岛二中语文特级教师郝敬宏在上高中语文课《烛之武退秦师》一课时,给学生发了课前的学习指导单。学习指导单上呈现了如下的内容:

《烛之武退秦师》翻转课堂教学课前学习指导单①

1. 学习目标。(1)掌握本课中出现的重要的文言现象。(2)体会、学习并灵活运用烛之武的外交辞令。

2. 学法指导。(1)独立翻译,之后与参考译文对照,发现其中的问题,并及时解决。(2)准确把握烛之武成功退秦师的原因,要把文章放在特定的历史背景中来阅读。

3. 学习内容。(1)重难点讲解见微视频及音频。(2)原文及翻译(略)。(3)重要参考史料:①春秋各国形势图(略),②秦晋之好,③秦晋交恶——《殽之战》。

4. 自学反思。请结合相关史料及本文内容,思考烛之武为什么能成功退秦? 他的语言有什么特色?

上海市愉快教育研究所所长刘正言老师总结出设计学习任务单的如下几个要素,值得一线老师学习:

1. **基于学情**:要研究教材,根据教材精准分析学情,摸清教材特点、重点和难点,单元目标和学情;

2. **指向目标**:学习任务一定要与学习目标匹配,明确目标任务;

3. **面向全体**:从学情实际出发,设计由浅入深的有差异的问题;

4. **融入练习**:课堂任务与课堂练习、回家作业相融合,切实减轻学生学业负担(学科特点、满足差异、资源共享)。

上海的另一老师李梅曾经将学习任务单比作路线图:"在一个陌生的环境中找目的地,指路牌往往是重要依据,掌握什么学习内容,开展什么学习活动,以及达到什么样的学习目标,如果学生预先有机

---

① 郝敬宏.项目引领下的翻转课堂教学设计及实录——以《烛之武退秦师》为例[J].中国教育信息化,2014(08).

会知道,那么就好比手里有一张路线图,能引导学生及时跟进并准确领会课堂需求,促进教学目标的有效落实,起到事半功倍的作用。在课堂中使用学习任务单,可以充分体现'学生的自主学习'与'任务驱动'的教学;而利用学习任务单开展的小组学习活动,则使学习的效率大幅度地提高,出现令人可喜的课堂景观。例如在《走路的奥秘》一课中,她设计了如下的学习任务单:

《走路的奥秘》学习任务单①

一、字词关

1. 赶跑"拦路虎"。

在小组内读准下列词语的读音,读对的打"√",然后圈出平舌音的字。

顺序(　　)逃窜(　　)面面相觑(　　)凑(　　)蘸(　　)嘟囔(　　)嚷嚷(　　)

2. 读课文,想想哪些词语的意思你还不理解,怎么解决呢?

本课应该理解的词语:奥秘　　议论纷纷　　逃窜　　面面相觑

解决词语的方法:

(1)查字典来解决。

我们来理解"面面相觑",这个词语中,"觑"的意思最难,先查一查它的意思:_____。把这个意思放进词语,那么面面相觑的意思就是_____。

(2)联系课文理解词语意思。

读第三节思考:"我"和小伙伴们"面面相觑"是因为:

_____。

---

① 李梅.改变,从教学方式开始——浅淡学习任务单指引下的小组学习活动[EB/OL].
http://sdrfz.jsedu.sh.cn/2012/0312/246049.shtml.

二、阅读关

读课文,完成下面的任务。

1. "我们"是怎么议论蚂蚁走路的奥秘的? 在小组内演一演。

2. "我们"为了发现蚂蚁走路的奥秘所想的办法是什么?

(1) 轻声朗读第 7 节,"我"想出了什么办法来观察蚂蚁走路的奥秘? 划出相关的句子。

(2) 小组交流所划的句子,然后默读,在句中动词下面加上小圆点。

(3) 大声朗读句子,让自己的眼前出现"我"怎么做的画面。

3. 蚂蚁走路的奥秘是什么呢?

读最后一节,你知道句中的"这"具体指什么吗? 找到这个句子抄写在下面的横线上。

_____

_____

整张学习单的内容设计包括读字词,理解词语,朗读课文,理解文中关键语句等。整堂课的学习过程以小组学习的方式进行。从上课开始至结束,每一个孩子都参与进了学习活动中,大家动笔、动嘴,教室里没有一个是看客,真正实现了学生是学习的主人。一个比较典型的案例,就是班级内原来一个学生,平时连老师讲授到哪里都不知道,现在竟然在小组学习过程中成了小组发言的核心成员。老师教学方式的改变带来的是学生学习方式的改变,学生从一味地听、答,改变为全身心地投入到学习中。值得注意的是,该学习任务单不仅适合于学生在课堂上学习,同样适合在课前让学生先行自学,课堂上师生、生生一起结合学习任务单完成的情况,结合课本内容,有针对性地纠错、补充、完善,课堂教学效益会大幅度提升。

苏州市电教馆原馆长金陵老师曾为中小学老师设计了如下的"课前自主学习任务单"模版,对中小学老师写好课前自主学习任务单或学习指导单,有重要参考价值。

金陵设计的课前"自主学习任务单"模版

一、学习指南

1. 课题名称:
(提示:用"版本＋年级＋册＋学科名＋内容名"表示)

2. 达成目标:
(提示:达成目标不同于教学目标。请用"通过观看教学视频(或阅读教材,或分析相关学习资源)和完成《自主学习任务单》规定的任务＋谓语＋宾语"表述;旨在让学生明确预习任务)

3. 学习方法建议:
(提示:注意有就写,没有就不写,不要"喧宾"夺了"任务"之"主")

4. 课堂学习形式预告:
(提示:简要说明课堂教学组织形式,也可用流程图代替。其目的是使学生明确自主学习知识与课堂内化知识的关系)

二、学习任务

通过观看微课和其他学习资料,完成下列学习任务:
(提示:含必要的提示等帮助性信息)

三、困惑与建议

(提示:此项由学生自主学习之后填写)

备注:1. 栏目不够用可以自行扩展;2. 完成"任务单"设计之后,别忘了删除所有提示项。

综上可知,结合学习指导单,学生能清楚地知道自己课前要学习什么、怎样学习、学到什么程度、课堂上的学习任务是什么等,教师也能更方便地检测学生学情、更有针对性地上好翻转课。

二、认真设计，编制/选择高质量的教学微视频

视频教学在翻转课堂的课前教学中起着重要作用。同样是学生学习的资源，和纸质的学习材料相比较，视频整合了声音、图像、动画、色彩等多种因素，更有利于刺激学生的多种学习感官，满足不同学习方式的需求。视频中老师清晰、生动的讲解，对于帮助学生的学习更是一大促进。事实证明也是如此，如果老师编制的视频质量高，学生爱看，对于学生的知识掌握有重要帮助。当然，实践中也有老师视频编制质量一般，讲解不够清晰、生动，甚至还有噪音干扰，未能很好地实现帮助学生理解新知的应有效果。

更有不少老师担心学生看视频的持续性的问题，即刚开始时学生会对视频学习这一新的形式感兴趣，过了一段时间，如果对视频学习不感兴趣了，不愿意学习视频了怎么办？对此，我们认为，一方面要建立各种保障机制，保障学生视频学习的持续性，如教师可以在学习平台上实时监控，查看视频结束时学生完成进阶作业或撰写总结和反思的情况；同时要取得家长的理解和支持；教学结构上，课堂开始时围绕视频学习组织学生谈收获与感受，以及培训学生如何进行课前自学等等，都是保障学生学习视频的机制。另一方面，视频质量的高低也影响着学生看视频的可持续性。实践中我们发现，翻转课堂教学成功与否，实施过程中是否具有可持续性，微视频的质量非常重要。因而，编制高质量的教学微视频，对成功持续地推进翻转课堂教学有重要价值。

对于制作教学微视频，华东师范大学慕课中心提出了"低门槛、易制作、高质量"的观点。"低门槛"，是指教师很容易学会制作微视

频的技术，比如学习用 Camtasia Studio 的录屏软件录制 PPT 文档来制作微视频，一般而言，10 分钟之内教师即可学会，学会其他各类工具制作视频也不难。华南师范大学的焦建利教授则提出了"做微课不求人"的原则，与此含义一致。"易制作"，是指录制过程操作的简单、便捷，教师个人即可完成。如果视频制作很繁琐、很复杂，有的学校刚刚开始时，组建一个团队，在录音室内录制了一个上午，录制出了 10 分钟的微视频。我们认为，这是不具有可持续性的。只有做到"低门槛、易制作"，才能确保编制视频的可持续性。"高质量"，是指制作出的视频质量要高，学生爱学，学得好。当然，制作出高质量的教学微视频并非易事，需要老师认真设计，用心揣摩，明确教学目标、教学重难点，思考如何用视频的方式呈现等等。

一般而言，决定微视频质量高低的要素主要有两点：一是视频的呈现形式符合学科教学本质特点。如数学是思维的体操，数学学科的视频就要尽可能地做到思维可视化、可听化，采用手写板的形式编制出"可汗学院"风格的视频，是比较符合该学科性质的要求的。而理化生等实验类的学科，就需要更好地考虑如何利用视频呈现演示性实验，与此同时进行概念与原理的讲解；二是视频的呈现形式符合学生的学习需要和学习特点，如视频中插入更多和学生生活紧密联系的案例、事件以及图片和动画等，则更容易被学生接受。

刚开始上微课和翻转课堂时，网上视频不多，需要老师亲自编制教学视频，这的确在一定程度上会增加老师的工作量和工作负担。随着时间的推移，网上优质视频的逐渐增多，对于每个知识点进行讲解的视频，并不需要老师亲自制作，精选网上的视频为自己所用，也是必然的选择，教师编制微视频的负担也会逐渐减轻。

三、根据需要，精荐其他学习资源或活动

对于社会、历史、政治、人文地理、语文阅读等人文社科类学科，尤其是对于高中阶段的学生而言，课前的自学，仅仅学习教学微视频和教材显然是不够的。学生在视频学习的基础上，还要拓展阅读相关史料或其他学习资料。这就需要老师根据达成教学目标的需要，结合学生实际，给学生推荐相关的拓展阅读资料，或者给学生指出到哪里可以找到这些资料。比如上文提及的《烛之武退秦师》的自学单上，老师指出课前还需要学生拓展阅读：①春秋各国形势图；②秦晋之好的起源与内涵；③秦晋交恶——《殽之战》。

上海市建平中学田颖城老师在上高中历史课《新文化运动》一课时，除了让学生学习教学微视频之外，还让学生拓展阅读陈独秀的"个人传记"以及王奇生写的《新文化是如何"运动"起来的》，以丰富学生的认识，拓宽学生的知识视野，深化学生对主题的理解。①

对于物理、化学、生物等实验性的学科，有时需要学生在家或者在学校，学生个人或者小组合作，先动手做一做，观察并记录生活中的一些实验现象等。这也需要老师对学生课前要做的活动给予明确指示，指导学生的操作。比如常州北郊初中在上物理课《流体压强与流速的关系》的翻转课时，课前，教师先指导学生做一个或几个实验，观察实验现象，思考其中的原理与规律，再开始在视频中结合实验现象讲解物理原理。或者让学生学习教学视频，明白流体压强与流速的关系后，让学生采集生活中能够说明流体压强与流速关系的例子，

---

① 田颖城. 四问翻转课堂寻找"翻转"成败的关键[N]. 中国教育报，2014 - 10 - 11.

自制视频,课堂上展示。

四、家校合作,保障学生良好的学习环境

低年段如小学一、二年级的师生开始尝试翻转课堂教学时,教师取得家长的支持和配合,确保学生课前自学有良好的学习环境,保障课前自学成效,对于上好翻转课亦很重要。从目前 C20 慕课联盟学校的推进实践来看,总的来说,只要学校和家长做好沟通,让家长理解学校改革的目的与思路,家长还是非常支持学校和教师的改革实践的。不管是小学段如济南市文化东路小学、初中段如温州二中和高中段如青岛二中等,都是如此。在小学段,刚开始在家里通过平板电脑看微视频时,有时确实需要家长的陪伴、支持与配合。整体而言,在进行试点的学校,家长们是非常乐意参与学生课前的学习的。让家长参与学生学习的过程,也让家长更加清楚学生学习的内容。家长更清楚孩子学习的情况,对孩子的指导也更有针对性。诚如美国最早开展翻转课堂实践之一的克林顿·戴尔高中校长所说:"进行翻转课堂改革的过程,也是我们教育家长和社区的过程……,这一过程也让家长、社会和学校的关系更为密切。"长沙长郡双语实验学校在开展翻转课堂实验时,同样如此,事先和家长沟通好,家长也非常支持:"学校召开两个班的家长会,跟家长们解释了翻转课堂,家长都很支持,当天为学生配齐了平板电脑。",学生家长也说到:"刚开始我们也很忐忑,我也在家偷看过女儿几次拿平板电脑看视频、做题,她很认真,很投入。"家长林先生说:"更重要的是学习主动性强多了,不需要我们大人提醒,第二天有翻转课堂的时候,前一天晚上她一定会

自己认真在书房里复习。"①

如果学生家里没有智能学习终端，缺乏互联网设施设备，学校要想办法让这些孩子在学校的机房、图书馆内能够观看到老师布置的微课。有的学校就出台了学校机房课前或课后一小时开放的活动，保障学生观看视频教学的时间，也可以让学生在智能手机上观看学习。

总之，学生课前的学习，需凸显教师的指导性和学生学习的自主性。掌握所学习的内容，即理解和识记所学内容，是常量，至于学习材料是视频还是书本，学习方法是观看、动手做或者是阅读，以及学习时间等因素，都是变量。学生根据自学的需要和学习的喜好，自主选择学习材料、学习时间和学习方法，这一过程也是凸显学生课前学习的自主性与个性化的过程。

第二节　学情分析与二次备课

从事翻转课堂实践和研究的上海市建平中学副校长郑朝晖曾经说过：上翻转课时老师需要牢记，课前教学的终点，是课堂教学的起点。这充分说明了课堂教学开始之前，教师查看与分析学生学习情况，并进行二次备课的重要性。所谓"二次备课"，是相对于之前的整体备课而言的。整体备课阶段，老师需要整体上规划一下课前教学

---

① 沈颢. 学生人手一台平板电脑翻转课堂颠覆传统教学［EB/OL］. http://www.xxcb.cn/event/changsha/2015－11－30/8947770.html.

的内容和重点是什么，课中教学的重点和内容是什么，是从整体上思考课前教学和课中教学各自的侧重点。"二次备课"，是指在课前教学结束之后（学生学了视频和其他学习材料、完成了进阶作业、线上交流讨论后），课中的教学开始之前，老师充分了解学生学习情况，重新设计和调整课堂教学该怎么上的备课过程。相对于之前的整体备课，这时的备课，我们称之为"二次备课。"

很显然，二次备课的前提，是教师充分了解学生课前学习的情况，即把握学情。在信息技术和网络学习平台的支持下，教师对学生课前学习情况的了解，是基于数据分析的，而非仅仅基于个人的主观经验判断。尽管对经验丰富的教师而言，经验判断非常重要，但是有了学习平台的支持与帮助，教师对每个学生学情的了解会更加详细具体，也更加客观。通过学习平台，教师乃至家长都可以清楚地知道学生网上学习视频的时间、开始的时间、结束的时间、中间停顿的时间，进阶作业完成的基本情况（哪几个题目做对了，哪几个题目做错了），完成进阶作业所用的时间等。针对主观性作业题，教师要在学习平台上查看学生上传作业的情况，学生网上讨论交流的情况，如学生发表了哪些感想或观点，提出了哪些问题或困惑，其他同学做出了什么样的回应等。

基于学习平台上记录的这些信息，教师要明确哪些内容学生通过课前自学已经学会了，对这些同学，课堂上该给予什么样的帮助和指导，让他们在课堂上有所收获和发展；还有哪些同学概念理解方面还存在困难，对这些学生，教师该如何给他们讲解和辅导，让其克服认知障碍，达到课标的基本要求。还有少部分同学是学得比较慢的，对于这些同学，课堂上该如何教，使他们在课堂上也有进步。与此同时，教师还要考虑，课前学习整体上是否达到了确定的目标，哪些还需要在课堂上进行补充和强化等等。这些都需要老师课前了解情况,再次设计课堂教学的内容与重点。理想的翻转后的课堂教学是借助于信息技术带来的便利进行及时分层或者是及时分班,学习程度相似的学生到同一个小组或班级,教师有针对性地教学和辅导,这样教学会更具有针对性,课堂教学的效益会更高。

比如成都七中初中学校的物理教师师建明在上《杠杆》一课时,将微视频推送给学生,学生学习视频、做进阶作业、完成闯关游戏,师生在学习平台上交流、讨论、答疑。在学习平台上能够解决的问题就在学习平台上线上交流解决,通过学习平台交流不能解决的问题,老师将学生的问题进行归类,如有基础概念的问题、有实验探究类的问题、有课堂重难点突破的问题、有拓展延伸以及与科技社会接轨的问题等。明确学生的困惑后,针对学生提出的问题,教师收集相关资料、明确课堂实验、修改教案和教学 PPT,准备与学生的互动游戏环节和探究实验项目及学生成果展示项目,在第二天的课堂上进行展示和互动,以便学生能够将知识在课堂里面内化。[①]

还是在成都七中初中学校,数学老师宴学渊在教学《应用一元一次方程——追赶小明》的课题时,微视频讲解结束时给学生出了一个应用题:"育红学校七年级学生步行到郊外旅行,七(1)班的学生组成前队,步行速度是 4 km/h,七(2)班的学生组成后队,速度是 6 km/h。前队出发 1 小时后,后队才出发,同时后队派一名联络员骑自行车在两队之间不断地来回进行联络,他骑车的速度是 12 km/h。"根据上面的事实,请同学们提出问题并尝试解决。

学生学习了微视频后,提出了不少问题:

---

① 帅建明. 初中物理翻转课堂教学模式研究［A］. 华东师范大学慕课中心 C20 慕课联盟(初中)"翻转课堂"教学观摩研讨会论文集. 课堂翻转创生智慧［C］. 成都,2014:112.

➤ 后队追上前队用了多长时间？

➤ 后队追上前队时联络员一共行驶了多少路程？

➤ 联络员第一次追上前队一共花了多长时间？

➤ 联络员第一次追上前队后返回到后队一共行驶了多少路程？

➤ 后队追上前队时，联络员与前队联系了几次？与后队联络了几次？

➤ ……

教师收集并整理了学生的典型问题后，有针对性地准备课堂上的教学。课堂上，师生、生生讨论互动，解决这些问题。这样教学更有成效，问题更有针对性地得以解决。[1]

因而，仔细分析学生课前学习的情况，基于学生的学习情况和教学目标，进行二次备课，是上翻转课的老师需要认真对待的环节。只有如此，才能在课堂上做到因材施教，提升教学的针对性和有效性。

这个阶段可以充分利用信息技术带来的便利，能够由学习平台提供的信息可以充分利用技术平台，如客观题目的作答，平台自动统计分析，可以减少教师机械批改作业带来的负担，这也是解放教师脑力的过程，让教师有更多的时间和精力进行教学设计，从事更具有价值的劳动。

第三节　翻转后的课堂教学

在学生课前自学、教师充分把握学情并进行二次备课的基础上，

---

[1] 宴学渊. 翻转课堂的教学实践与反思. [A]. 华东师范大学慕课中心 C20 慕课联盟(初中) "翻转课堂"教学观摩研讨会论文集. 课堂翻转创生智慧[C]. 成都,2014:53.

师生一起准备进行的课堂内的教与学,此时课堂内的教学被称之为"翻转后的课堂教学"。总体来说,相对于课前学生自学时注重基础知识的理解、识记与初步探究等低层次认知的学习而言,翻转后的课堂教学的主要任务是发展学生高层次认知能力,培养学生的综合素质。如帮助学生巩固内化知识,锻炼提升能力,培养学生的情感态度价值观,进行更多的动手实践与探究与创造等。

如前所言,理想的翻转后的课堂教学是及时分组或及时走班的。借助于信息技术带来的便利,根据学生课前自学掌握的情况,将学习程度相似的学生分到一组或一个班级,有的小组(班级)需重点讲解概念,有的小组需要重点进行实验操作,有的小组可以进行更多地拓展和深化等。真正做到让每个孩子在原有的基础上都有发展,切实做到让教学适应学生,而不是让学生适应教学。学习形式是线上与线下有机结合,学生在教师的引导下自主学习,教师有针对性地教学。相信随着信息技术在教学中的深度运用以及教学改革的逐步推进,这在未来一定会成为现实。我们坚信,这也是未来课堂或未来学校的一个重要场景。当然,现在很多学校还做不到这样的及时分组或及时走班,在当前班级授课制的条件下,翻转后的课堂教学主要有如下任务:

一、自学检测,夯实巩固

尽管学生课前通过自学微视频、教材和其他资料,对基础知识和基本技能有了一定的理解和把握,翻转后的课堂教学的首要任务、也是翻转后课堂教学的第一个环节,还是要检测学生课前自学的情况,检测学生对基础知识和基本概念理解的程度。

该环节的教学,也是翻转后课堂教学的导入环节,教师负责组织,让学生回顾和总结视频学习的收获,这时需要注意的是,总结梳理所学知识时,要以学生为主体梳理所学知识,教师做好板书与记录即可。如果学生总结和梳理不到位,教师负责补充和完善。对于多数学生未能理解的内容,教师要重点精讲。如果学生学习基础较好,自学能力较强,该环节的教学很快过去。很多基础内容,多数学生自学是可以学会的。如果学生的学习基础不是很好,自学能力还不够强,该环节的教学需要花费较长的时间。毕竟,理解基础概念,夯实基本知识与技能,既是教学的基本要求,也是考试检测的重点。

二、解决疑难,理解掌握

在完成基础检测,夯实课程标准规定的知识和技能的基础上,翻转后的课堂教学进入了第二个环节,该环节也是比较能够体现翻转课堂教学优势的环节,即充分呈现学生学习过程中遇到的问题,并进行分类解决。无论是学生课前视频学习中遇到的问题,还是进阶作业中遇到的问题,或者是课堂上师生、生生交流过程中生成的问题,翻转后的课堂教学要充分暴露学生学习中遇到的问题,并尽可能地给予解决。只有这些问题解决了,学生才有可能真正掌握所学内容。与此同时,翻转课堂这个环节也是学生综合素质发展的好时机,如课堂上可以让学生进行更多的验证性或探究性实验,更多的动手操作,也可以让学生有更多表达和交流的机会等,以发展学生的动手实践能力、表达能力和小组合作能力等,培养学生综合素质。

三、拓展深化，创造探究

在学生理解掌握所学知识的基础上，翻转后的课堂教学内教师可以有较多的时间和机会对所学内容进行拓展深化，提供更多的将知识应用于生活的情景，在解决实际问题的过程中培养学生的综合素质，发展学生的创造能力。如可以利用本节课所学的知识，让学生解决现实生活中的问题，设计一个解决实际问题的方案等。当然，实际问题的解决、项目方案的设计，都会牵涉到跨学科的知识，这是具有一定挑战性的活动，在这个过程中鼓励学生主动探究，培养学生的发散思维能力和综合解决问题的能力。

例如，深圳南山实验教育集团的物理教师陈明煜在给学生上《流体压强与流速的关系》的翻转课堂教学时，在学生充分理解了二者的关系后，陈老师提出了深圳市民的烦恼：深圳市滨海大道地下通道不通风，让学生利用所学知识，在不利用任何电力机械的情况下设计出"实现过道通风"的改造方案。同学们利用所学知识，在自己的平板电脑上画出了各种过道通风的方案。虽然有的可行，有的不是很合理，但是在这个过程中学生体验到了将所学运用于实际生活的乐趣，老师鼓励学生将比较好的设计方案提交给市交通规划局，并可以申请发明专利等。在这一过程中，学生学习探究的兴趣高涨，课堂教学效益良好。

四、课堂小结，目标达成

课堂教学结束前，对于本专题的内容，老师和学生一起进行课堂小结。小结可以让学生进行口头总结，也可以让学生完成老师布置的检测单。小结的内容主要是梳理本节课学习的主要知识点、知识点之间的关系、学习方法与思想等，发展学生学习的元认知能力。通过翻转课堂教学，要确保绝大多数学生，按照布卢姆的观点，即95％的学生都能掌握本节课所学的内容，做到"堂堂清"。

五、做好下一专题的预习指导

需要强调的是，如果老师上的是翻转课堂，因为学生在课前进行了微课的学习，那么作业题目就是在课堂内完成的，所以，课堂结束时，便无需布置本节课的课后作业了，所有的作业题应在课堂内完成和解决。如果课堂结束时要布置作业，是布置下一个学习专题的预习，而不是本节课所学内容的练习。本节课所学内容的练习，是在当堂完成的，这一点尤为重要，应引起老师们的注意。否则，学生既要在课前进行微课学习，又要进行课堂内的练习，还要再完成课后作业，客观上就延长了学生学习的时间，加重了学生的课业负担。

六、满足学生个性化学习需求

对于理应掌握而没有达到要求掌握水平的少数学生，课后的时间教师再给以个性化的指导，该指导可以是网络的形式，也可以是面对面的形式。与此同时，教师也需照顾到学习能力强、对该主题有特别兴趣的同学，可以给他们布置更多、更难的挑战性作业或项目。也可以让这些学生进行更多的慕课学习，或是进入实验室、工作坊等进行更多实验和探究等。总之，利用信息技术的便利，尽可能地满足学生个性化学习需求，弥补班级授课制的不足。

综上所述，翻转课堂的教学，从学生的角度而言，它至少包括学生课前的学习和课堂中的学习这两个阶段。从教师的角度而言，它至少包括课前的备课与视频教学，学生学习情况的分析和课堂中的教学三个阶段。当然，教师也要有课后的反思。

如果说课前的教学更多地是学生个人自学的过程，是学生个人面对屏幕，一个人学习和完成作业的过程，那么课堂内的教学则更多地是师生、生生交流的集体学习的过程，是交流和研讨的最佳场所；如果说课前的学习，更多地是学生被动接受和理解的过程，则课堂上的学习更多地是学生主动表达、相互激励的过程。当然，这两者的区分也不是绝对的，而是相对的。学生课前的自学也可以是很积极主动的，课堂的学习也可能是被动接受的，这要根据具体的教学需要和教学实际进程而定。

本章大体分析了翻转课堂教学的结构与流程，课前教学与课堂教学的关系以及二者的重点和任务所在。其实，具体到一个学科的具体知识点的教学，具体到一堂课的教学，如何处理好课前教学与课堂教学的关系，哪些内容放在课前让学生自学，哪些内容放在课堂上教学，是当前实践中不少中小学老师的困惑。比如常有老师提出：一堂课中，往往有好几个知识点的教学，是所有知识点的学习都进行翻转式教学，还是部分知识点进行翻转教学、部分知识点完全放在课内教学比较好？

对这个问题，我们将从如下三个方面进行回答：

第一，正如一门学科包含许多知识点一样，有的知识点适合"微课加翻转课堂"的形式，有的知识点适合上传统的课堂教学的形式。在一节课中涉及的几个知识点的教学，也是同样的逻辑，适合翻转的就翻转，不适合的就放在课堂内讲授式教学，即在教师讲解、学生思考、师生互动中共同完成知识的理解与内化。

第二,笔者认为这是个实践性很强的问题。老师不知道如何做更好的时候,就尝试,就实践,看看实践中究竟哪种教学方式比较好。如果几个知识点的教学都进行微课学习、课中翻转教学,即全面翻转的效果好,那就下次还进行全面翻转的教学。如果老师经过尝试与反思,认为部分知识点即其中的1—2个知识点进行微课学习,课堂上对另外的几个知识点进行重点讲解,教学的效果更好,那就下次还这样。所以这是一个实践性很强的问题。在实践中反思和总结,总结出经验,凝练成理论,理论就是这样从实践中来的。

第三,翻转课堂教学的形式可以是多样的,它本身既不能解决所有的教学问题,也不排除其他任何有效的教学形式。所有的教学实践都是服务于教学效果即学生学习的目标达成度来进行的。翻转式教学或是其他形式的教学,都是一种流程或者说方法,它是服务于学生学习的结果和目标的。而不是倒过来,为了形式而形式。

第四节:翻转课堂教学的特征

一、理想的翻转课堂教学的特征

国内外的课堂实践表明,无论是何种科目的翻转课堂,理想的翻转课堂都有如下几项突出特征①:

---

① 此部分参见田爱丽,吴志宏.翻转课堂的特征及其有效实施——以理科教学为例[J].中国教育学刊,2014(8):29—33.

（一）学生积极主动的学习状态

由于学生课前学习了特定的知识点，对之或写出了总结，或完成了作业题，或遇到了困惑，因而对课堂上即将进行的疑难解答、小组研讨、个人展示等，充满了期待与好奇。学生是带着浓厚的兴趣、主动探究的意愿进入课堂教学的，而不是消极被动，等待着教师的讲授，或者干脆对课堂教学持无所谓态度。

学生以主动学习的状态进入课堂教学，对保障课堂上的学习成效有重要价值。研究认知目标分类体系的著名学者布卢姆认为，对于特定知识点的学习，学生的认知准备状态和情感准备状态决定着学习的效果。在翻转课堂教学模式下，学生有着较为充足的时间学习教学微视频以及其他资料，掌握相关的知识内容，对课堂上的学习做好了认知准备。认知准备做好了，对即将到来的课堂教学，就比较容易有积极的情绪与情感。反之，如果没有做好认知准备，也很难有积极的情感和态度。

（二）个体指导为主的教学风格

相对于传统的课堂，在翻转课堂上，教师的教学行为发生了明显变化，其中的一个突出表现就是，教师面向全班的讲解大大减少了，而对学生小组或者个体的单独指导增多了。因为，基于课前的视频和课本学习，每个学生遇到了不同的问题。而在线的监控和诊断系统可以让教师及时把握每个学生的学习进展。在这种情况下，面对有差异的群体，教师只能是以个体或以小组为单位进行指导，这会占据课堂上大部分的时间，也是翻转课堂教师教学的主要形式，即课堂答疑，问题解决，发展学生的高级思维等。而面向全班学生的讲解，则主要是用来解决学生面临的共同问题，占据的时间和比例并不太多。诚如西方开展翻转课堂教学实验的教师所感受的那样：在翻转的课堂上，教师从以往的"讲师"转变成了学生的"教练"，从"讲台上的圣人"转变为学生"身边的辅导者"①。"教师的表现虽然不那么凸显了，但是教师的作用却更加重要了"②。

(三) 师生、生生之间的有效互动

孩子天生都有表现和展示自我的需求，翻转课堂模式下，学生更易于做好学习准备，包括认知的准备和情感的准备。在对课堂教学做好了充分准备的情况下，学生在课堂上表现积极活跃，或展示自己的所学，或解答他人的问题，或提出新的问题，师生、生生之间的交流互动更多，也更为深入和广泛，学生的体验更丰富和深刻，提出的问题也更多，并且学生时不时会提出教师预想不到的生成性问题，有时会使得老师感觉难以招架，应付不了。其实，这是翻转课堂教学的理想状态。

(四) 课堂教学多维的目标达成

基于课前学习，学生清楚自己的问题和困惑，甚至有的学生通过自学已经可以达到课堂教学的目标。而学习过程中遇到问题的学生，可以先在小组内，通过小组的帮助来解决，如果小组解决不了，教师再进行单独辅导。在学生做作业遇到困惑的时候，教师就在自己

---

① JanetsTeffenhagen. Flipped classrooms create magic and controversy in B. C. schools. [EB/OL]. http://www. vancouversun. com/news/Flipped + classrooms + create + magic + controversy + schools/7202690/story. html, 2015 – 01 – 14.

② NooraHamdan and Patrick Mcknight. etc. The Flipped Learning Model. A white paper based on the literature review titled a review of Flipped Learning. Flipped Learning Network 2013.

的身边,有利于问题的解决。因而,翻转的课堂上,最后一个环节的课堂检测部分,能够确保绝大多数学生达到了本节学习的目标。也即是布卢姆研究证实的,在掌握学习模式或个性化辅导教学模式下,90%以上的学生都可以达到掌握的要求。这与国内外不少学校实施慕课学习和翻转课堂实践结果相符合,在翻转课堂的兴起地美国林地公园高中、克林顿戴尔高中①以及拜伦高中等②,翻转课堂之所以受到关注和认可,主要是因为该模式提升了学生的学业成绩。而对于那些自学视频就可以达标的同学,课堂上则有更多的机会发展高级思维,从事更具探究性的项目学习等。教师也更有时间对其进行个性化指导,尤其是发展学生的兴趣爱好、特长天赋等。

二、"好"课评价标准的修改与完善

相对于传统的课堂教学,翻转课堂的教学结构与教学流程发生了不少的改变,即课后需要做作业的环节移到了课堂上,而以往课堂上知识讲解的部分则移到了课前。从认知发展的角度来看,教育目标分类层次中较为低层次的认知活动如识记和理解部分移到了课前,课堂上重在从事更高级的思维活动如应用、分析、综合与评价等。在教学结构与流程发生了这样的改变之后,显然,再以评价传统课堂教学的标准,来评价翻转后的课堂就不大合适了。评价翻转后的课堂教学,需注意以下几个方面:

---

① Kathleen Fulton. The Flipped Classroom: Transforming Education at Byron High School. Digital Schools. 2012(4), pp. 18-21.

② Brenda Alvarez. Flipping the classroom: Homework in Class, Lessons at home. Education Digest. 2012(4), pp. 18-22.

（一）课前教学与课堂教学都是教学评价的内容

如前所言,翻转课堂教学包括课前教学、学情分析与二次备课、课堂中的教学三个环节。三个环节共同决定着翻转课堂教学的质量。所以,评价翻转课堂教学的质量高低、成效好坏,要兼顾教师在这三个方面做出的努力。课前教学的准备与质量、课中教学的准备与质量,都要纳入翻转课堂教学质量评价指标中去。而不是像以往那样只考虑课堂内教学的表现与成效。

（二）问题没有得以解决的课堂可以是好的课堂

如前所言,翻转的课堂上,学生思维比较容易深化和发散,提出的问题各式各样,有的问题会超出老师和同学当场能回答的范畴。在这样的课堂上,不是每个问题都可以当堂解决的。课堂评价时,也不能因为问题没有得到全部解决,就认为是不好的课堂。

（三）"散乱"的课堂可以是好的课堂

翻转课堂的特点之一,就是师生、生生的交流互动多,课堂活动多,如学生的动手实践多,演示与展示的机会多等,这样的课堂,有时看来会比较乱。但是评价课堂标准的好坏,是看学生是否在积极学习、深入思考,学生各方面是否得到了应有的发展,是否达到了课堂教学的目标。所以,看起来"散乱"的课堂同样可以是好的课堂。

（四）不统一讲解的课堂可以是好的课堂

翻转的课堂上,教师更多地解答学生个人或小组合作不能解决的问题。如果共性的问题比较多,需要统一讲解的多;如果没有这样的共性问题,教师则更多地是进行个性化帮助与指导。因而,评价翻转课堂，也不能以教师是否讲解了，讲解了多长时间为标准。

　　还有一点需要注意的是，翻转后的课堂上，学生的作业是在课堂内完成的。课堂结束时，教师不再留统一的课后作业了。有时，针对少数特别感兴趣的学生，可以布置一些探究性、创造性的个性化作业。

　　最终，评价翻转课堂的主要标准，是看课堂教学目标的达成度如何，是否每个学生都达到了课堂教学目标的要求，是否每个学生都得到了应有的发展。也即是，学生是否积极主动地学了，是否学会了，是否学得开心愉悦。

微视频编制及优质教学视频评析

教材：呈现形式单一、抽象，逻辑性强，学者风格。

视频：呈现形式多元、形象，生活性强，学生风格。

——笔者

诚如前所言,微视频在翻转课堂教学中具有重要价值,高质量的视频对于学生学习新知、复习巩固都有重要帮助。截至目前,微视频在中小学教师中的普及程度大大提升,但是高质量的教学视频还远远不能满足师生教与学的需要。华东师范大学慕课中心组织了两次全国中小学教师、高等院校师范生微视频大奖赛,在评审过程中,笔者和本研究团队总结了微视频编制常见的问题、优质微视频的特点、微视频制作的原则和注意事项等,并对各学科的优质教学视频进行了点评分析,详述如下:

第一节　微视频编制注意事项

论及微视频编制需要注意的事项,首先分析一下优质教学微视频的特点,华东师范大学慕课中心在举办两次微视频大奖赛的过程中,总结出了优质微视频的十个特点,简述如下:

一、优质微视频的特点

优质教学微视频往往呈现出如下十个特点:

1. 内容无误。视频中的讲解和呈现的文字、图片等内容，无知识性错误和价值观失误，这也是教学微视频底线性的要求。一个视频做得再好，如果发现有任何一点知识性错误或价值观失误，该微视频在评审过程中就会被一票否决，也不会被放到网上。

2. 技术过关。技术过关至少包括如下两个方面：一是视频中无噪音杂音干扰，学生听得清楚；二是版面清晰、大方、简洁，学生看得清楚。这是学生持续学习视频的保障，否则学生很容易出现烦躁心理，影响视频学习效果。

3. 选题聚焦。微视频教学时间短，一般为5—8分钟。在这么短的时间内要讲完一个知识点，所以，微视频的教学主题需要聚焦，知识点尽可能细化、清晰。教师讲解时要做到教学目标清楚，知道这么短的时间内要给学生讲明白什么东西，让学生掌握什么技能。做到目标明确，内容聚焦。

4. 学科性强。信息技术的使用，是为了让教学更加贴近学科本质，语文更像语文、数学更像数学、英语更像英语，而不是相反。技术的使用不是为了技术而技术，弱化学科本质。在过了信息技术的门槛之后，教学微视频质量的高低就取决于教师的学科素养。

5. 设计恰当。高质量的教学视频需要进行精心设计，如数学，要做到思维可视；人文社科，尽可能史料丰富，多插入一些图片、视频；音乐、美术、美文欣赏：教学风格清新淡雅，给学生艺术的享受。须知，教材和视频，属于不同的呈现形式和风格。教材是面向全体学生的，呈现形式主要是文字和图片，强调逻辑性，是学者风格。而编制教学视频的过程就是对教材进行再加工、再创造的过程，呈现形式更加多元、更加形象生动、更加符合本地学生的学习需要。简言如下：

　　教材：呈现形式单一、抽象，逻辑性强，学者风格。

　　视频：呈现形式多元、形象，生活性强，学生风格。

　　6. 讲解动听。视频中，教师的讲解是教学的重要因素。为此，在教学目标清楚、教学思路清晰的基础上，教师的普通话标准，节奏恰当，亲切怡听，会更加激发学生学习的兴趣。女老师声音动听悠扬，男教师声音浑厚、有磁性，对吸引学生持续学习有重要帮助。反之，如果教师普通话不标准，就会大大影响学生学习的效果。与此同时，需要注意的是，视频中教师的讲解应是指导或辅导的风格，而非讲座的风格。语调亲切自然也显得很重要。

　　7. 互动感强。在讲解过程中，教师时不时以提问性的语言引发学生的思考，如"这里该怎么办呢？""你觉得是不是这样呢？""你觉得如何呢？"在提问之后，给学生留些许思考的时间，让学生有思考的余地。这样，教师就有和学生交流、对话的感觉，引发学生思考，促进学生积极学习。有时，利用交互式软件如 Articulute Storyline2 可以制作出互动性更强的学习课件。学生学 2—3 分钟的视频，就需要做一个题目，以检测学生是否理解了所学内容，既增强了在线学习的互动性，也对学生的学习成效给予了及时检测和反馈，让学生在"游戏通关"式的体验中学习。视频讲解中，切忌教师个人独白，念稿子，照本宣科。

　　8. 节奏恰当。尤其是教师刚开始编制教学微视频时，讲解节奏切记不能太快，要能够让所有学生跟上讲解的节奏，给学生留有思考的余地。当然，节奏太慢也会影响学生视频学习的效果。

　　9. 突出基础。和翻转课堂教学结合的微视频，需处理好和课堂教学的关系。视频教学中重视基础知识的讲解；课堂内教学，重视探究和生成等。

　　10. 粘连不强。针对一个知识点，教师直接讲解该知识点，"同学，你好，我们开始学习……"。而不是一开始就说"同学们，大家好，上一个视频我们学了……，这里我们开始学习……"。这些都属于粘连性强的表现，也是冗余信息。视频本来时间就短，再有这些冗余信息，影响学生的学习。

结合这些特点，本研究选取了各个学科的优质教学视频，进行了点评分析，C20慕课联盟微信公众平台和上海教育"教师博雅"微信公众平台也已经陆续推出。

C20慕课联盟第一届全国中小学教师/高等院校师范生微视频大奖赛颁奖典礼

C20慕课联盟第二届全国中小学教师/高等院校师范生微视频大奖赛颁奖典礼

二、微视频编制存在的问题

这里从两个方面来分析微视频编制存在的问题：一是单个微视频制作存在的问题；二是结构化、系列化微视频制作存在的问题。

（一）单个微视频存在的问题

1. 技术不足。不少教师用笔记本电脑录制，录制视频前没有进行相应的设置，机器自身的电流噪音很难除掉。还有的视频存在版面字迹和符号呈现不清晰的现象。学生听不清，看不清，影响学习效果。

2. 个人独白。教师个人独白式地讲解，缺乏和学生的交流、对话与互动，学生学习过程较为被动，容易分神。

3. 缺乏设计。教师照本宣科，把平时教学用的 PPT 直接拿过来，对着屏幕录制讲解。没有充分展现视频（图片、色彩、声音、动画）的优势。

4. 讲座风格。视频中，教师讲解的风格好像是站在讲台前，面向全班学生的讲课风格，语调较为呆板、生硬，是面向群体而非个体的教学风格，如老师习惯于说"同学们，大家好"，最好改成"同学，你好，

华东师大慕课中心在杭州育才中学培训教师如何做教学微视频

73

现在我们开始学习……"

（二）结构化、系列化视频编制存在的问题

1. 一组视频是一节课各个教学环节的拆分。每个视频不是针对一个知识点，不能独立存在，而是几个视频构成一个知识点的讲解。有教师在制作"立体图形的表面展开图"的系列视频中，看似有 5 个视频，1 个是"情景导入"的视频；1 个是"知识讲解（导航）"的视频；1 个是"知识应用"的应用视频；1 个是"学习小结"的视频；这样，就存在越俎代庖的嫌疑，将原本在课堂上进行的教学环节"知识应用"前移到了视频中，影响学生的深度学习和发展。

需要注意的是，一个视频是对一个知识点的讲解，而知识点与知识点之间的关系是借助知识图谱来说明和描述的。一组视频，如设 5—8 个视频，应该是围绕一个学习主题（单元）的、针对各个知识点的讲解，几个视频组合在一起构成一个知识单元的学习。

2. 视频与视频之间存在着粘连性，冗余信息多。视频开始讲解时，老师比较习惯于说"同学们，上一节课我们学习了……，本节课开始学习……"。"通过上一节课的学习，我们知道了……，接下来我们学习……"这些都属于冗余信息。对于学习者而言，基本没有价值。视频本身的时间短，每一分钟都很重要，每一句话都要精讲。

三、微视频编制的原则

综上可知，教师在编制教学微视频时，需要把握"三无三有"原则：

1. "三无"：无价值观失误，无知识性错误，无技术性缺陷。这是录制好教学视频的基础和保障。若发现有知识性错误或者是价值观

失误,评审时一票否决。技术方面,无杂音噪音干扰,版面清晰,是学生有效学习的保障。

2."三有":心中有学生,课件有生活,教学有设计。如前所言,和纸质文本相比,纸质文本教材呈现形式主要有图片和文字,比较单一和抽象,教材是面向全国的中小学生的,普适性强,针对性欠缺。

而教学视频的录制则是教师对教材进行再加工的过程,教师借助于文字、图片、声音、动画和色彩等,让教学内容更加符合学生自己的学习需要,更加贴近学生的生活。如何让教学内容的呈现形式更加符合学科本质,更加符合学生学习需要,这就需要教学设计。微视频录制不宜照本宣科。如果教师录制微课时,是对着原有的 PPT 讲一遍,录制下来,缺乏教学设计,不但教师负担增加了,而且没有起到应有的效果。

本研究选出了各学科的优秀教学视频实例,并对它们进行了逐一点评分析。

第二节 优质教学微视频评析

这里笔者共选取了高中、初中和小学学段各学科的 15 个优质教学视频,逐一点评分析如下:

一、清华大学附中罗宗勇《波的衍射和干涉》教学视频评析

1. 重视物理教学的生活性。该视频从学生熟悉的生活情景出

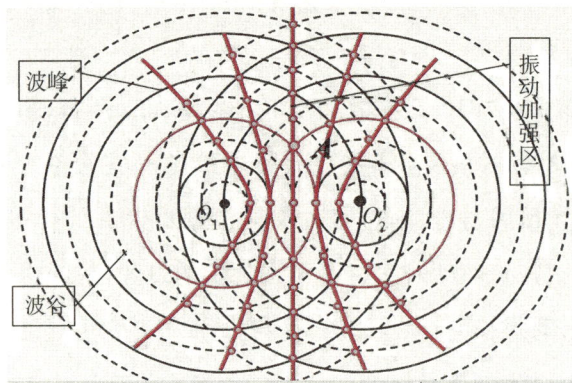

《波的衍射和干涉》教学视频截图 　　 《波的衍射和干涉》教学视频二维码

发,教学过程有学生的参与,易于激发学生学习兴趣。本教学视频从学生组成的"人浪"出发说明波的传播,直观、形象、生动。教学过程中,让学生亲自体验声波的强度,再次形象说明了波的衍射与干涉。教学过程有学生的积极参与,显然容易引起学生的关注和学习的持续。

2. 重视物理教学的实验性。物理学科是一门实验性的学科,结论的得出需要在科学实验的基础上进行。为了说明波的衍射,作者借助水波的现象,进而得出波的衍射的结论,并配有教师的具体讲解,便于学生理解。

3. 教学呈现形式丰富多元。教师解释波的衍射和干涉,有 PPT 讲解,有室内实验的演示与观察,也有室外学生的参与体验。充分利用了现代信息技术带来的便利,从不同的方面说明解释一个具体内容,给听讲者留下深刻印象,超越了单纯课堂讲解的教学效果。

4. 恰当处理了和课堂教学的关系。视频教学不是课堂教学的压缩版,课堂教学也不是视频教学的扩大版,二者是优势互补的关系。

学生通过视频学习，理解了有关光的衍射和干涉的基本含义以及条件。课堂上，师生可以共同夯实巩固所学知识，进行更多综合练习，拓展深化。

二、青岛二中朱霞《光照强度对光合作用的影响》教学视频评析

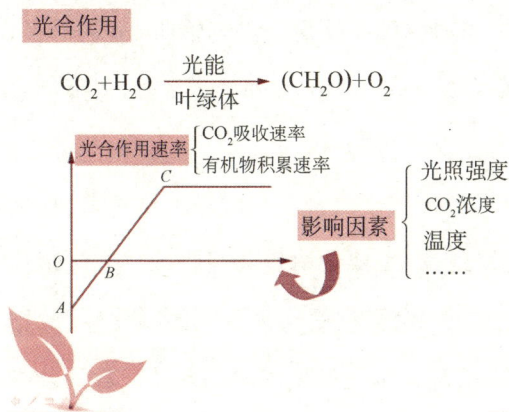

《光照强度对光合作用的影响》教学视频截图

《光照强度对光合作用的影响》教学视频二维码

1. 微观世界，放大表现。叶绿体当中的基质、基粒、类囊体等物质，是非常微小的，正常情况下肉眼是看不清楚的。视频中借助于图片，将之放大，辅之以文字的标注和教师的讲解，学生可以很清楚地看到这些物质的形状和存在位置，了解其相应的功能。

2. 抽象过程，形象表现。光合作用的过程究竟如何发生的，对于初学者而言，是看不见、摸不着的，是非常抽象的过程。在视频教学中，教师用各种符号和图片清楚地展示了光反应阶段、暗反应是如何发生的，将之可视化、动态化，形象生动，易于理解。

3. 思路清楚，逻辑性强。该视频虽只有 8 分钟，教师清楚地

讲解了光合作用发生的条件,光合作用的光反应和暗反应是如何发生的。教学结构清晰:光合作用的条件;光反应的过程,小结;暗反应阶段的过程,小结;再总结光合作用的整个过程;填空题目检测所学效果;保护环境的提醒。教学目标明确,结构清晰,思路清楚。

4. 讲解怡听,版面清楚。视频教学中教师的讲解、版面的呈现,都直接影响着教学的效果。本视频中,教师的讲解怡听,节奏恰当,版面呈现整洁清晰,和讲解节奏一致。无杂音和噪音干扰,保障学生学习的持续进行。

5. 很好地融合了情感态度价值观教育。视频教学结束前,根据光合作用过程,教师指出:据统计,三棵大树每天吸收的二氧化碳约等于一个人呼出的二氧化碳,得出"绿色植物是自动的净化器"的结论。再反观人类对大树的乱砍乱伐以及滥用木材的现状。教师及时提出爱护树木、爱护地球是我们每个人的责任,这很容易引起学生的深思和共鸣。爱护地球、保护自然环境的教育可谓有理有据,富有说服力。

三、重庆聚奎中学岳培锆《强调句中 do 的用法》教学视频评析

《强调句中 do 的用法》教学视频截图

《强调句中 do 的用法》
教学视频二维码

1. 教学主题短小聚焦，目标明确。近 7 分钟的视频，围绕着强调句中 do 的用法展开。教学目标明确，内容聚焦。教学中的重要内容，教师用不同的字迹、不同的颜色给予强调，做到了重点、难点突出，视频后面有内容总结。

2. PPT 设计简洁、清楚，呈现形式活泼。PPT 的背景简洁，无分散学生注意力的因素，字迹呈现是手写体的形式，学生看起来亲切，有吸引力。配合文字内容而呈现的小图片、小动画、小视频都能够很恰当地表达主题的内涵，激发学生的学习兴趣。这也反映了教师比较好的信息技术基础。

3. 讲解富有个性，吸引学生注意力。老师的讲解无论是英语还是普通话发音都标准而富有个性。语音语调可爱并充满朝气，没有传统意义上的"教师腔"，是指导辅导风格。讲解过程中偶尔加入了学生熟悉的语言风格，如"浮云"、"灰常"，拉近和学生的距离。

4. 和学生的交流感、互动感强。情景、案例的选择如爱情、约会的主题，都和学生的生活、心理距离很近。讲课的语气有时是从学生的角度、立场出发，激发学生学习兴趣。

5. 处理好了和课堂教学的关系。在讲解了强调句中 do 的使用这个语法现象之后，很明显，教师给学生留有检测用的学习单（study sheet），根据学生完成学习单的情况，课堂上可以更有针对性地指导，以及进行更多的练习。

6. 语法讲解，双语进行。对高中语法的讲解，我们建议，根据需要，如果用英文讲解学生不易理解，那就用中文来讲解，不必拘泥于一定要全英讲解。

四、上海七宝中学李新华《名画赏析要点——牧羊女》教学视频评析

《名画赏析要点——牧羊女》教学视频截图

《名画赏析要点——牧
羊女》教学视频二维码

1. 选题经典,稍许熟悉,更多陌生。李新华老师的名画赏析系列,选择的名画都是经典之作,如该教学视频中的名画《牧羊女》也是如此。中学生乃至成人学习者对之有些熟悉,但更多地是陌生,因而有观看教学赏析的愿望和动力。

2. 目标明确,要点清晰。对于一幅名画,可以赏析的内容很多,但是教师在赏析每一幅画时,只选择了一个要点如"均衡"的表现手法来进行教学赏析。教与学的重点清楚,目标明确,教学内容集中。

3. 讲解动听,优势明显。较之于纸质文本,视频教学可以借助信息技术,充分发挥声音、光电、色彩和动画等优势。尤其是教师的讲解,包括讲解时的语音语调等,都是影响学生学习的重要因素。李新华老师普通话标准,声音浑厚圆润,声调抑扬顿挫,富有磁性,感染力强,讲解教学的优势明显。

4. 美学素养深厚,教学浅显易懂。视频中,作品创作的历史背景、作者的人生经历及作品特点,表现作品形式美的基本规则,反映作品内在美的直观感悟、理性分析,教师赏析讲解时信手拈来,如行

云流水,自然恰当,反映出教师深厚的美学素养。讲解时通过举例、比喻,借用生活中的常识等,让赏析教学变得浅显易懂。

5. 技术运用恰当,服务主题教学。黑色的底板凸现了教学的内容如白色文字、彩色画面。看似随意地手写板书写、楷体白色小号的字幕,都有助于学习者理解教师讲解的内容。视频中无杂音噪音干扰,版面清晰,保障学生持续学习。

五、郑州外国语学校张伟利《气压带和风带的形成》教学视频评析

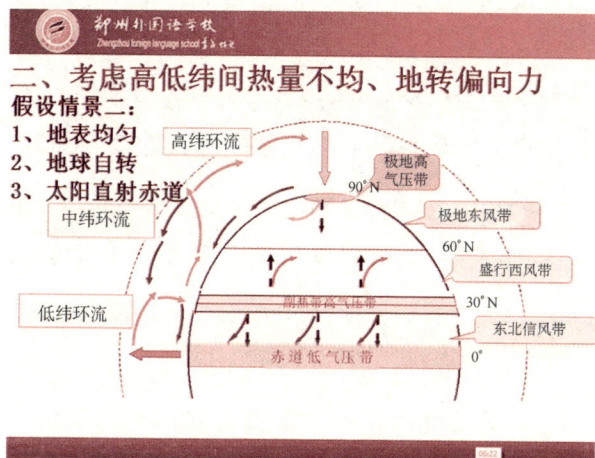

《气压带和风带的形成》教学视频截图

《气压带和风带的形成》教学视频二维码

1. 宏观宇宙的缩小呈现,抽象过程的形象描述。高中自然地理中,气压带和风带形成的过程和原因,对多数学生而言是比较抽象的。一方面学生对这些现象无法全部感知;另一方面,风带的形成过程,既受到气压的影响,同时受到地球自转的影响,学生理解起来也较为困难。微视频中,教师借助于文字、图形和动态呈现的符号,将风带的形成过程较为形象、清楚地展示出来。

2. 讲解节奏舒缓，留有思考余地。由于这些内容相对较为深奥，教师讲解时必须放慢讲解节奏，给学生留有思考的时间，既听得懂老师讲解的内容，也能够在 PPT 中找到相应的文字或图片，两者有机结合，便于学生理解。如果讲解过快，学生缺少思考的时间，或者还没有找到 PPT 中的书写内容，都会影响学生的理解。

3. 版面清楚，呈现节奏和讲解一致。视频中版面清晰，文字、图形、符号、插入的小视频等都比较清晰，不同的风带和气压带使用不同颜色的文字或符号表示，学生看得清楚。文字和符号动态呈现，呈现节奏和老师的讲解节奏一致，便于学生学习。此外，视频无杂音噪音干扰，保障学生持续集中注意力。

4. 改进建议。讲解过程中，可以有更加促进引起思考的提示性语言，如"是不是这样呢？""这个时候该向哪个方向运动呢？""你觉得是不是该如此呢"等等，增强和学生的对话感，引发学生思考，促进学生积极学习。此外，讲解结束时，最好给学生留有思考题或者检测题，检测学生学习的效果。

六、烟台三中楚文通《太阳高度和正午太阳高度》教学视频评析

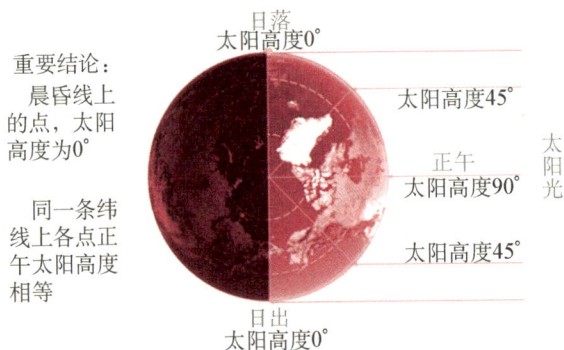

《太阳高度和正午太阳高度》视频截图

《太阳高度和正午太阳高度》二维码

1. 教学引入恰当。教师从和常识"立竿见影"不同的"立杆无影"的地理现象引入,激发学生好奇心,引发学生思考,此时,教师开始讲解主题《太阳高度和正午太阳高度》,引入效果好。

2. 目标明确,内容聚焦。教师一开始就给学生出示了两条学习目标,简洁清楚。围绕学习目标展开教学内容,目标明确,内容聚焦。

3. 宏观世界缩小呈现,抽象内容形象呈现。对于太阳升起点、正午太阳高度点、太阳日落点,太阳高度角等,不是每个学生都有机会看到或者感知到的。视频中,教师借助动态曲线和动画(地球俯视光照)的展示,清楚形象地呈现了太阳高度的含义和一天中太阳高度的变化。

4. 学以致用,检测学生所学。主题内容讲解之后,回到视频开始时提出的问题,让学生思考为何会出现"立杆无影"的现象,何时会出现,何地比较容易出现等。首尾呼应,比较完整。

5. 难度拾级而上。讲解了太阳高度和太阳正午高度后,教师紧接着提出了等太阳高度线的学习内容,因该内容和前面太阳高度角的内容联系密切,放在一个视频中讲解也是恰当的。但是,此处内容较为抽象,建议老师将讲解内容用文字表示出来,而不仅仅是讲过而已。

6. 讲解清晰,呈现清楚。教师讲解清晰,节奏恰当,较有亲和力。文字、图片的呈现节奏和教师讲解一致,便于学生理解。

七、杭州育才中学叶侃侃《酒精灯的使用》教学视频评析

1. 选题恰当,适合视频教学。正确操作各种化学实验仪器,是顺利进行化学实验的基础和保障。认识实验器材的结构与功能,了解

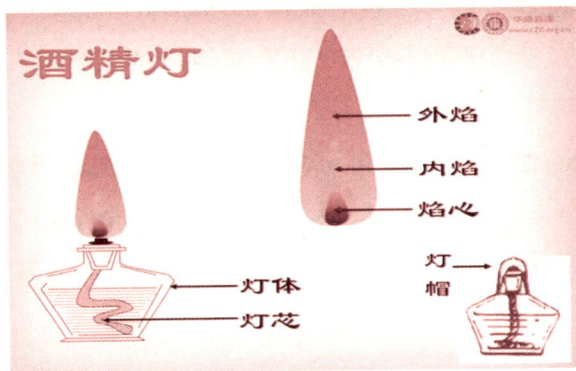

《酒精灯的使用》教学视频截图

《酒精灯的使用》教学
视频二维码

如何正确操作各种实验器材的知识,这些内容是比较适合视频教学形式的。教师以"酒精灯的使用"作为视频教学的专题,选题恰当。不管是教师讲解 PPT 的内容,还是开展演示性实验,通过微视频教学都是比较合适的。以教师讲解和示范为主、学生跟着看和听,理解和记住所学内容即可。并且视频上的演示和展示,学生更容易看清楚。

2. 呈现形式符合教学内容需要。配合讲解内容的需要,教师分别使用了 PPT 加文字的呈现方式、视频的呈现方式和图片的呈现方式。呈现形式贴合讲解内容需要,自然得当。为解释酒精灯及其火焰的结构,作者以 PPT 的形式呈现图片和文字;为了说明火焰的强弱,插入了一个视频小实验进行演示;对酒精灯使用过程中如何正确操作及可能不正确的操作,教师借助图片和视频,展示清楚,讲解到位。

3. 讲解清晰,版面清楚。该视频中无论是图片、字体、还是插入的视频,都简洁清楚。教师讲解的语言简洁,节奏恰当。视频主题聚焦,短小精悍,无杂音、噪音干扰。

4. 改进建议：为课堂教学做好准备。视频结束时，教师最好再次提醒学生思考所学内容，如"酒精灯的结构、火焰的结构是怎样的？"、"如何熄灭酒精灯？"、"酒精灯打翻着火了，该怎么办？"、"明天的课堂教学中将会使用到酒精灯，你做好准备了吗？"等。让学生再次回顾、理解所学内容，为课堂教学中的具体操作和实验做好准备。

八、北京新英才学校崔凤娟等《谦恭礼让　博雅淑德》教学视频评析

《谦恭礼让　博雅淑德》教学视频截图

《谦恭礼让　博雅淑德》教学视频二维码

1. 以故事感染人，以事引理。有关思想品德教育方面的"大道理"，初中学生有时候并不陌生，德育的主要任务是将其入心、入脑，感动、感染学生，打动学生心灵，进而改变学生行为。基于德育的这一特点，所以，有时过多的直接说教，其成效并不明显。而故事能够感染人，学生身边的故事更加吸引人。以视频的形式讲解故事，可以让情节和人物表现得更加形象生动，更加逼真，感染人、感动人的效果更好。本视频讲解的主题是"礼让"，视频中引入"六尺巷"视频的故事，更加形象生动地说明了"礼让"的内涵、意义和必要性。

2. 以学生身边的故事说服人。在以故事引理的同时，结合学生

自身经历的事情,说明道理,对学生而言更具吸引力,更加亲切。该视频讲解中,以学校内两位学生同时想练琴引起的冲突以及冲突的化解为案例线索,说明礼让的重要性和必要性,学生很容易理解和接受。在今后遇到类似的情况时,也知道按照什么样的原则来处理。

3. 技术过关,保障学生学习。教师讲解清楚,吸引学生学习。版面呈现颇具动感,简笔画加图片的呈现方式,吸引学生注意力。版面内容的呈现和老师的讲解节奏有机结合,必要的时候添加背景音乐,视觉听觉效果好。

九、西南大学附中邓晓鹏等《震惊世界的考古发现》教学视频评析

三、北京人的劳动与生活

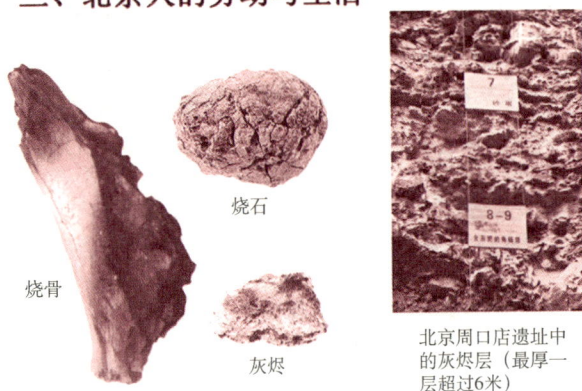

烧骨　烧石　灰烬

北京周口店遗址中的灰烬层（最厚一层超过6米）

《震惊世界的考古发现》教学视频截图

《震惊世界的考古发现》教学视频二维码

1. 教学设计用心,重点难点内容清晰。开头以"你知道人类是从哪里来的吗?"进行教学导入,激发学生学习的兴趣。教学重点难点内容在 PPT 上有清晰的展现。

2. PPT 设计精致,吸引学生视觉注意力。PPT 内容呈现和讲解

节奏、讲解内容一致，呈现具有动态感。PPT 中图片的呈现和文字的呈现有机结合，重要的文字内容逐渐呈现，视听一致，这些都有利于吸引学生视觉注意力。视频一直吸引学生认真看着 PPT 的内容。

3. 教师讲解动听，吸引学生听觉注意力。讲者普通话标准，节奏恰当，声音富有磁性，配合讲解内容音调抑扬顿挫，学生愿意一直用心听讲，认真思考。

4. 讲解风格兼具故事性，易于打动人心。简单地介绍历史事实，容易枯燥无味。而故事容易感动人、打动人。本视频的讲解，兼具故事性，既易引发学生思考，也能保证学生学习的持续性。

5. 情感态度价值观教育有机渗透。看视频的过程中以及看了视频后，学生的民族自豪感和荣誉感会油然而生。

6. 给翻转后的课堂教学留有余地。视频讲解后留有检测题，以检测学生自学情况。并以学后小结"学习了本课，我收获了……，我的感受是……，我的疑惑是……"激发学生进一步阅读兴趣，引发学生深入思考，给翻转课堂后的教学留下了空间。

7. 技术使用过关。无噪音杂音干扰，版面字迹和图画呈现清晰。

十、济南燕山中学张晓燕等《因式分解法解一元二次方程》教学视频评析

1. 思维可视可听。数学是思维的体操，内容本身的逻辑性很强，教学时注重学生的理解过程和思维发展。所以教师讲解时，边讲边写，讲解、书写非常细致，不跳过每一个推理过程。思维的每一步骤都展现出来了，做到了推理过程和思维过程的可视化、可听化。即使

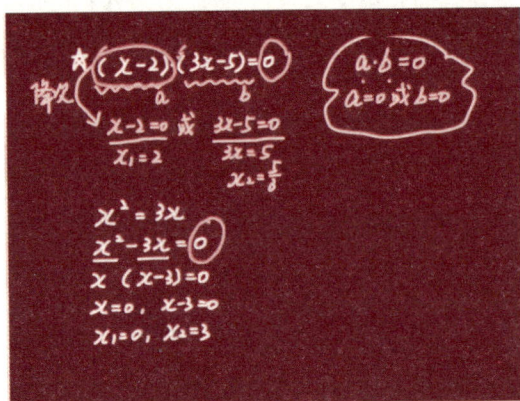

《因式分解法解一元二次方程》教学视频截图

《因式分解法解一元二次方程》教学视频二维码

学习能力比较弱的学生也能够看明白，听清楚。

2. 讲解动听亲切。教师的讲解是指导和辅导学生的风格，不是课堂教学的风格，和学生的距离很近，听者感到很亲切，很舒服。

3. 和学生的对话感强。视频教学很容易变成老师个人的独白，不易引起学生的思考，而该视频中，作者很重视和学生的互动。作者讲解时，心中始终是有学生存在的。比如文中的语言"你看，是不是啊？你觉得是不是？你发现……你要看清楚了……"，"这个时间交给你了……"。显然，老师好像是在给一个具体而又真实的学生辅导和讲解。

4. 讲解重点难点突出。对于不同的讲解重点和难点，作者用不同颜色的笔迹进行书写，给予圈注，意在引起学生的注意。

5. 技术运用过关。无杂音噪音干扰，版面字迹清晰。学生能够看得清，听得清。教师能够根据讲课需要及时更换书写绘图工具。

十一、苏州市大儒中心小学康岚《蜗牛的运动和应激反应》教学视频评析

遇到危险时,它可以通过触角伸缩、身体缩进壳里来保护自己。

腹足　分泌黏液

《蜗牛的运动和应激反应》教学视频截图

《蜗牛的运动和应激反应》教学视频二维码

1. 导入新颖,调动学生学习积极性。以《蜗牛和黄鹂鸟》这首儿歌进行视频教学导入,提升学生学习兴趣,放松学生学习的状态。

2. 呈现方式多样,信息技术运用恰当。视频教学中,教师呈现了清晰的图片、重要的文字、蜗牛运动的动态过程。呈现形式多样,充分发挥了视频应有的优势。

3. 讲解清晰,符合小学生学习特点。教师的讲解风格、语音语调、思考问题的方式,尽可能符合小学生的学习特点,有利于吸引学生学习的注意。

4. 对话感强,引发学生思考。通过提问的方式,引发学生的思考"小朋友,蜗牛没有脚,那它是靠什么运动呢?"紧接着和学生一起"观察"蜗牛的运动。

5. 技术过关,保障学习。视频内无杂音噪音干扰,版面清晰简洁,保障学生学习的持续性。

值得一提的是,目前学生学习的媒介,主要有两大类:常规的纸质教材,新近出现的微视频教学。教材呈现教学内容主要是文字和图片。学生也主要是通过这两种形式的刺激来学习的。而视频教学中,除了图片、文字,还可以有动画、音乐、讲解。视频教学,可以让教学的内容动起来,有更加贴近学生生活的教学案例,教师的讲解更加符合学生的思维和语言特点。这是视频教学的优势,是书本没有的功能。尤其对于小学生而言,这种优势更加明显。因而,视频教学不是照本宣科,不是简单地对着 PPT 课件上的文字讲一遍即可。视频教学要充分扬视频(声、光、电)之长,避书本教学之短。

十二、广东中山市实验小学吴海飞《夸张》教学视频评析

《夸张》教学视频截图   《夸张》教学视频二维码

1. 导入恰当,吸引注意。从绘画中的夸张进行导入,展现夸张的

图片，易于吸引学生的视觉注意力，这容易让学生对什么是"夸张"有初步感知。

2. 讲解怡听，亲和力强。教师讲解节奏舒缓，亲和力强，吸引小学生听觉注意力。对于何谓"夸张"的修辞手法以及夸张的种类，讲者边讲述，边举例，两者有机融合。讲者娓娓道来，使学生喜欢听讲。

3. 版面简洁，富有动感。无论是文字还是图片，简洁清楚。配合讲解的节奏，文字和图片逐个呈现，而非整版推出，利于吸引学生视觉注意力。对于需要重点提示的文字内容，教师用不同颜色的边框给予圈注，引起学生的关注。

4. 设计恰当，重点突出。对于什么是夸张的写作手法、夸张的类型、运用夸张时应该注意的事项，教师运用了恰当的版面呈现方式，配合清晰到位的讲解，做到了教学重点突出，有利于难点的突破。

5. 技术过关，没有干扰。无噪音和杂音干扰，版面内容清楚，保障学生听讲观看的持续性。

十三、济南文化东路小学王静等《分数的简单计算》教学视频评析

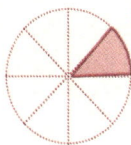

《分数的简单计算》教学视频截图

《分数的简单计算》教学视频二维码

1. 技术使用过关。无噪音杂音干扰,版面字迹清晰。学生听得清,看得清,这是学生持续认真学习视频的基础和保障。

2. 教学导入恰当。从学生生活情景"过生日,切蛋糕"出发,引入讲解内容,容易引起学生学习的兴趣。

3. 教具使用得当。PPT 和手写笔有机融合使用。需要用 PPT 呈现的内容如图片图形等,直接用 PPT 呈现,形象生动。而对于不宜用 PPT 呈现的内容,如推理的过程与步骤,作者采用手写板书写的形式,一步步展现推理的步骤,便于思维的可视可听。教师运用手写板书写得美观漂亮,赏心悦目。

4. 重点难点突出。对于不同的内容,作者用不同颜色的笔迹给予书写和圈注,引起学生的注意。

5. 讲解亲切动听。老师的讲解是辅导和指导学生学习的风格,和学生心理距离近,学生听起来舒服,可听性强。

6. 和学生对话感强。教师讲解时心中是有具体的学生存在的,不是教师个人的独白。"你是怎样想的?""你做对了吗?""你发现了吗?""你说得真棒","咱们一起……"这样老师主动地把学生拉入视频学习的过程,学生学习视频时会觉得老师是在身边和自己在对话、交流的,有老师在场的感觉。

7. 进阶练习得当。进阶作业检测学生掌握的程度,便于教师把握学情,课堂上的教学更具针对性。

十四、山东师范大学附属小学赵娜《有趣的偏旁·三点水》教学视频评析

1. 视频导入生动有趣。教师从汉字"水"的起源讲起,讲解"水"

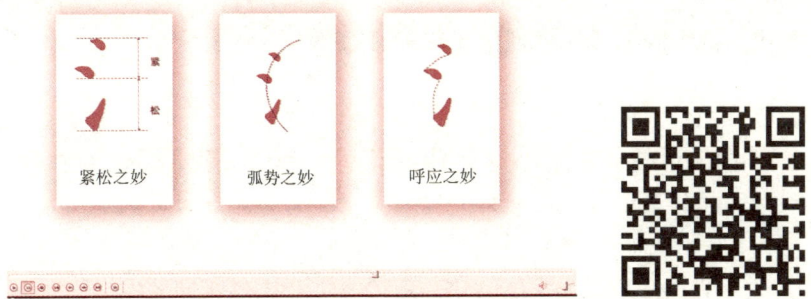

《有趣的偏旁·三点水》教学视频截图

《有趣的偏旁·三点水》教学视频二维码

字的形成以及演变成"三点水"的过程,教学设计合理,PPT、音频配合恰当,增加了书法艺术的历史厚度。

2. 对"三点水"结构讲解清楚。作者配合精美的图片,以比喻的方式,清晰地讲解并呈现"三点水"结构的"松紧之妙"、"弧势之美"、"呼应之美",给学习者留下深刻印象。

3. 教师写作示范清楚到位。教师讲了三点水的结构之后,示范写作"三点水"和带三点水偏旁的字,边写边讲解书写的注意事项,讲解清楚,写作规范优美,有利于学生的模仿和体悟。

视频中让学生观看教师的写作示范,其效果要好于在课堂上给学生的示范。因为课堂上老师的示范,只能让几个学生看得清楚,而多数学生是看不清楚的。视频则可以突破这一限制,让每一个学生都可以看得很清楚。

4. 进阶作业布置恰当。视频讲解结束后,给学生留有拓展学习作业:体会"三点水"的结体之妙;练习书写"三点水"。可以想象,课堂教学中,老师可以让学生畅谈"三点水"的感悟和体会,给学生更多的时间练习书写三点水,教师对学生进行个性化辅导和矫正。

5. 教师的讲解清晰,节奏恰当,符合小学生学习接受特点。PPT

课件设计整洁精美,便于学生观看。拍摄教师的书写过程时,无杂音干扰。技术的细节处理到位有利于帮助学生更好地学习。

十五、济南市大明湖小学曲玮丽《Be going to 基本用法》教学视频评析

Let's compare. 读句子,找不同

I climb mountains every weekend.

I am going to climb mountains next weekend.

《Be going to 基本用法》教学视频截图

《Be going to 基本用法》教学视频二维码

1. 导入有趣,内容层层递进。"很久以前,有一棵神奇的树木,叫 Be going to,可以帮助人们遇见未来的事情。"接着,通过一般现在时和 be going to 在句子中用法的比较,让学生体会 be going to 表示的意思是什么,再强调指出 be going to 表示"将要""打算"做某事。

2. 教学思路清晰,结构清楚。十分钟的视频主要讲述了三个小内容:(1)Be 动词的用法,用 be 动词用法歌(此处可以以重复的形式再突出重点),让学生知道 am,is,are 该在什么时候出现。(2)be going to 后面的动词形式的具体用法,动词原形。(3)be going to 结构中的时间标志,如"next,in the future"等。在每个小内容讲了之

后，紧跟几个练习，让学生更加熟悉并能应用上述规则。虽然整体时间偏长，但是学习形式多样，有听讲、练习，还有最后一个娱乐性的视频，学生应该不会感觉很累。

3. 讲解清楚，版面清晰，重点突出。老师讲解清楚，节奏恰当，PPT 和视频呈现形式都比较符合小学生学习需要，重点的内容用不同的符号给予了重点标注，如 am，is，are 出现的地方，be going to 后面的动词原形，以及相应的时间标志等。整个视频无杂音、噪音干扰，字迹版面比较清楚，能够保障学生学习的持续性。

4. 改进建议：布置进阶作业。视频讲解结束之后，教师可以以学习单或者检测单的形式，出一些检测性练习题，检测学生是否掌握了 be 的用法，be going to 后面动词的用法以及时间标志等。这样，教师就可以清楚地知道学生课前视频学习的情况，课堂上有重点地进行个别指导。

几种常见的翻转课堂教学模式分析

信息技术融入课堂教学，为了让语文课更像语文，让数学课更像数学。

——笔者

第一节 翻转课堂教学中的"翻转掌握教学模式"分析

　　支持翻转课堂教学的重要理论之一是布卢姆倡导的掌握学习法。掌握学习法作为一种美好的理论，半个世纪来没有得到有效落实，其重要原因在于缺乏相应的支持与保障条件。而在今天，伴随信息技术发展而出现的慕课加翻转课堂教学模式，为有效实施掌握学习法提供了可能。这为提高学生学习质量，保障学业成功提供了难得的机遇。翻转课堂教学和掌握学习法有什么内在联系，为何可以在翻转课堂教学中更好实施掌握学习法，就成了一个重要的探索课题。一种新的教学模式即翻转掌握模式也由此而来。

一、掌握学习法的内涵及其实施要求

　　二十世纪六七十年代，针对当时流行的一种观点，即班级内学生对某一学科的学习，学生的学业成绩与之前的能力倾向测试一样，都呈现正态分布，美国学者布卢姆提出了不同的看法。在布卢姆看来，学生群体中，基于偶然或随机的因素，他们对某学科的学习能力倾向

可能是呈正态分布的,但是通过一定时期的教育,如果学生的学业成绩还是呈正态分布,说明这样的教育是失败的。布卢姆认为,教育是有目的有计划的活动,通过有效的教育,应当让学生群体中的大多数(95％以上)掌握所教授的事物。因而一段时间的教学后,学生的学业成绩应该是偏态分布的,大多数学生的分数将集中在成绩测量的高分一端。教学的任务就是要找到帮助学生掌握学习内容的手段与方法。

掌握学习法,由布卢姆提出,但其思想可以追溯至卡罗尔(John B. Carroll),并得益于布鲁纳(Jerome Seymour Bruner)、安德森对其的发展,即在教学目标的引导下,让教学过程诸因素适应学生个体的学习需要,以便让大多数学生在学期末、半学年或毕业时都能达到掌握水平。① 有效实施掌握学习法,以下几点至关重要:

1. 教学目标明确而又具体

教学目标明确而又具体,便于落实,也便于检测学生是否掌握了知识点。如果没有掌握,易于找出哪个知识点没有掌握以及如何有针对性地帮助和指导。

2. 教学过程适应个体需要

对同一内容的掌握,不同的学生需要不同的学习时间和学习材料,学习方式也有差异。有的学生 10 分钟就学会了,有的需要 30 分钟,有的学生可能需要 1 个小时。有的学生喜欢通过听讲来学习,有的喜欢通过阅读学习,有的学生喜欢在做中学。有的学生喜欢学习具体形象的资料,有的学生喜欢抽象度较高的材料。教学要取得成

---

① ［美］B·S·布卢姆等著,邱渊,王钢等译. 教育评价［M］. 上海:华东师范大学出版社,1987:71—86.

效,就需要教学过程诸要素如教学方法、教学材料、教学节奏等适应个体学习需要,让每个学生按照自己喜欢的方式和节奏来学习。卡罗尔就把教学质量定义为"教学过程诸要素适应个体学生的程度,即对于学习任务要素的表达、解释与顺序安排趋向于最适合既定学习者的程度。"①

3. 系统的形成性测试与反馈

对于学生学习,经常进行测试与反馈,对保障学习成效具有重要价值。通过形成性测试,看学生是否掌握了。如果掌握了,则继续后面的学习;如果没有掌握,就要重点分析哪一点没有掌握,原因是什么,再对学生进行有针对性的帮助和指导。帮助和指导时最好更换教学材料和方法,如果可能也可以更换一下老师,便于学生以不同的方式来学习,直到学生学会为止,再继续后面的学习。以此确保大部分学生对每个知识点的掌握,直至最终全部掌握。

运用掌握学习法,布卢姆与其研究团队进行了实验室研究和课堂内研究,这些研究表明:通过实施掌握学习法,大部分学得慢的学生能够达到学得较快的学生那样的成绩水平。此外,对于已达到掌握水平的学科的兴趣与态度,学得慢的学生和学得较快的学生一样积极。许多国家的研究表明,掌握学习法在各级各类的学科教学中都产生了极好的效果。②

虽然关于掌握学习法的研究都表明了其积极的成效,遗憾的是,掌握学习法自提出之后,并没有在随后的岁月中得以推广,其重要原

---

① [美]B·S·布卢姆等著,邱渊,王钢等译. 教育评价[M]. 上海:华东师范大学出版社,1987:78.

② [美]B·S·布卢姆等著,邱渊,王钢等译. 教育评价[M]. 上海:华东师范大学出版社,1987:86.

因是,班级授课制度很难让教学过程的诸因素适应学生个体差异,满足每个学生个性化学习的需求。而经常性的测试、反馈和矫正,需要很高的人力、物力以及时间成本。

随着社会的发展,伴随信息技术进步而出现的慕课和翻转课堂教学,则为掌握学习法的落实提供了很好的支持与保障。

二、翻转课堂对实施掌握学习法的支持与保障

如前所言,翻转课堂是相对于传统的课堂上教师讲授知识、课后完成作业的教学形式而言的;它是指学生课前自主学习教师录制好的教学微视频和其他材料,完成进阶作业,遇到不懂的地方可以与师生进行交流;在此基础上,课堂上围绕学生学习过程中遇到的问题与困难,通过面对面的师生、生生交流研讨,共同解决问题,以达到知识掌握与思维深化的目的。翻转课堂之于掌握学习法的实施,有下述几项优势:

1. 让学习更加自主

掌握学习法认为:对某知识点学习,要达到掌握水平,有的学生需要的时间长,有的学生需要时间短;有的学生喜欢 A 类教学方法,有的则偏向 B 类教学方法。因而掌握学习法主张:教学质量的高低取决于教学过程满足学生个体学习需要的程度,这就需要个体根据自身不同的学习方式自主地学习。

基于信息技术带来的便利,翻转课堂教学为改善班级授课制背景下学生的个性化学习提供了便利和可能,更容易让教学过程诸因素适应学生个体需要。课前的微视频学习,学生可以按照自己的节奏来进行,学得快的学生可以快进,学得慢的学生可以暂停,反复学习。对于同一知识点,网上也提供了多种学习资料。遇到困难,可以

与老师和同学进行网上交流与研讨,也可以到第二天的翻转课堂上与师生面对面讨论解决。学生课前的学习过程,是比较自主的过程,学生自己可以把握学习的节奏。翻转后的课堂上,主要就是为了解决学生个人或小组解决不了的难题,有针对性地讲解学生自己学不会的内容,让不同学习程度的学生在老师的帮助下,都可以有所提高和发展。这是慕课和翻转课堂教学的重要优势之一,即利用信息技术带来的便利,改善班级授课制背景下学生的个性化教育问题,让教学更具个性,让学习更加自主。

2. 让测试更易实现

掌握学习法的另一关键点就是,在学生学习的进程中,经常进行诊断、反馈和校正,让其在学习的每个环节都能达到掌握水平,以此保障其最终学习的效果。以往要这样做,需要不断地印制试卷或作业单,进行测试,教师逐个批改,然后进行反馈和校正。耗时费力,周期较长,负担较重,不易实现。

随着信息技术的发展,翻转课堂学习模式下,网上学习平台和准专家系统的建立,则可以让此类的诊断、分析、反馈和校正在半自动化的状态下进行。一个单元学习结束后,学生完成单元测试,点击"提交"或"上传",准专家系统会在学习平台的支持下,基于学生答卷产生的数据,结合日常学习过程中产生的数据,对每位学生的单元学习情况进行诊断和分析,给出改进建议。根据诊断反馈结果,学生再有针对性地学习,教师有针对性地帮助和指导,直到大部分学生对该单元的学习达到掌握水准。省时省力,效益提高,师生欢迎。这对保障学生每一步的发展至关重要。

3. 让学习更加愉悦

布卢姆等人认为,对于某一学习主题,决定学生学习效果的因素主要有两大类：一是学生的认知准备，即通常而言的学习基础；二是学生的情感准备，即学生是否愿意学习新的知识，是否有积极的情感、自信的态度和足够的动力。只有做好了这两种准备，学习效果才可能会好。因而，教学过程不仅要关注学生的认知状态，还要关注学生的情感态度。积极愉悦的情感对于保障持续的学习效果起着至关重要的作用。

翻转课堂教学中，学生因课前做好了学习的准备，课堂上更愿意积极地讨论、交流与展示。并且翻转后的课堂上，因前置了知识的学习，课堂上有更多的时间和机会进行讨论、交流和展示，这相对于以往课堂上被动地听讲的状态，学生的学习变得更加积极主动、更加投入和专注。国内外翻转课堂的实践也均表明了这一点，即学生学习的积极性和主动性增强了，学生更爱学习了，师生关系也更加密切了。[1][2] 学习情感的愉悦，则更易让学生将学习视为个体内在的需要。学习的积极主动性随之增强，学习效果得到提升。因而，伴随信息技术发展所出现的翻转课堂教学实践，为改善班级授课制背景下的个性化教学提供了可能，为学生的自主学习，为经常的诊断测试提供了条件和支撑，这些都被掌握学习法视为关键的教学要素。美国林地公园高中在翻转课堂实施中，较好地落实了掌握学习的理念和策略，提出了翻转掌握的教学模式。

实践中，林地公园高中的教师亚伦·萨姆斯和约翰逊·伯格曼

---

① Classroom window. What do teachers who've flipped their classroom have to report? www. classroomwindow. com/review-a-product，2015 - 02 - 13.

② Janets Teffenhagen. Flipped classrooms create magic and controversy in B. C. schools. Vancouver Sun September 6, 2012. http://www. vancouversun. com/news/Flipped + classrooms + create + magic + controversy + schools/7202690/story. html，2015 - 01 - 14.

及其同事认为,翻转掌握模式的教学表现出了下述几项教学优势:学生学会对自己的学习负责任了,而不是像以往那样,上课时等着老师讲给他们听;能给学生提供多种学习形式,如视频、教材、网上资源等;课堂内的教学活动更多地是个性化的指导与帮助,而不再是同一讲授;学生的学而不是教师的教成为课堂教学的中心;对学生进行及时反馈与校正;学生有多种途径或方法证明自己达到了掌握水平,如参加测试、与教师交流、PPT 展示、录制微视频、写短文等;改变了教师角色,增加了师生、生生面对面交流的时间;确保所有学生在课堂上参与学习的积极性等。①

三、"翻转掌握教学模式"实施的基本要素与环节

基于理论分析和林地公园高中的实践经验,成功实施翻转掌握模式,离不开如下几项教学要素和环节:

1. 明确目标,有的放矢

基于国家课程标准、学生学习基础、所用教材等,教师个人或者师生一起科学制定学生学习所要达到的目标,既包括每堂课的学习目标,也包括每单元学习结束时所要达到的目标。这是实施翻转掌握教学模式的第一步。学习目标要尽可能明确具体,便于落实和检测。制定好学习目标后,还要分析哪些目标可以通过学生自学微视频和其他资料来完成,哪些目标是要通过研讨交流或动手操作的形式来完成。将那些学生自学就能实现的学习内容和学习目标,制

---

① Jonathan Bergmann & Aaron Sams. Flip your Classroom: reach every student in every class every day. ISTE ASCD. 2012. pp. 59 - 76.

成微视频或推荐其他学习资源,放到网上或者通过其他形式传给学生。将那些需要研讨或探究才能达成的目标,放在课堂内来实现。

2. 提供导引,帮助学习

基础教育阶段学生课前的自主学习,离不开教师的指导和帮助。根据学习目标,基于学情,制作"学习指导单"帮助学生学习,是翻转掌握教学取得成功的关键之一。学习指导单也即是国内不少学者和教师称作的"学习任务单",是学习目标实现的载体。学习指导单上需指明实现学习目标所需的内容、路径、方法和评价方式等,具体包括如下内容:需要达到的目标,学习资源及其获得途径,学习活动及其要求,思考性的问题,学习结束时的反思,以及学生表明其达到学习目标的证明。

3. 课前自学,初步掌握

在学习指导单的帮助下,对于自学能够达到的目标,结合教师提供的学习视频以及其他资源,学生课前自主学习,完成进阶作业,遇到困难,网上或当面寻求老师和同学的帮助。该阶段的学习,每个人可选择适合自己的学习方式,学习时间也由自己把握。程度较好的学生很快学会,完成作业即可,如果愿意自我挑战,则可以深入探究老师提供的个性化的项目作业;程度较弱的学生,则需要稍长的时间,甚至需要其他学习媒介的辅助,或者家长、老师和同学的帮助。

课前自主学习的过程,是缩小同学之间掌握差距的过程。通过多种学习方式的自主学习,让每个学生尽可能达到布卢姆认知目标分类学中的识记与理解的水平。这也是我们主张把学习教学微视频和完成进阶作业即慕课学习,放在课前而不是课堂当中的重要原因。如果将视频学习放在课堂中,在统一的时间、统一的地点,班级内的学生共同观看微视频,学习能力强的学生很快学会,学习能力弱的学生也没有继续学习的时间和机会,这无异于教师课堂内的直接讲解,体现不出翻转课堂个性化教学的特征,达不到个性化学习的目的。

4. 课堂探究,实现目标

结合学习指导单,对于需要探究才能达到的目标,在翻转的课堂上,教师需引导学生做实验、组织学生研讨交流等来实现学习目标。对于学生学习、探究或实验过程中出现的问题,教师及时给予矫正,直到学生能够向教师证明他们已经掌握了,以此保障每堂课中学生的学习达到了掌握水平,不为下一节课的学习设置障碍。

需要指出的是,在翻转的课堂上,为切实让学生达到学习目标,需借助学习指导单以及学习交互平台的支持,充分呈现学生学习中遇到的问题,既包括进阶作业中出现的问题,也包括课堂深化拓展中遇到的问题,个性化的问题小组内合作解决,共性的问题或者小组合作解决不了的问题,教师帮助学生解决。只有如此,才能消除学习中的问题死角,将学习困难在每一节课中得以克服。

5. 单元测试,强化学习

掌握学习法主张,一个单元学习结束后(通常两星期左右),需要进行形成性的测试与反馈。测试可以采用试卷的形式,也可以采用提交作品如展示 PPT、短文或录制小视频等形式。对于在形成性测试中达到掌握水平的学生,测试可以起到强化学习的效果,并提示学生可以进行下一单元的学习。对于没有达到掌握水平的学生,则需要找到问题所在,诊断分析原因,给予个性化的指导和帮助,让学生再次学习没有学会的内容。学完后,对这些学生再进行一次水平相当的形成性测试,直到在测试中达到掌握水平,才可以进行下一单元的学习。以此保障大部分学生对每一个单元的学习都达到掌握水平。

上述五个环节，不断循环，螺旋上升，到一个学期（年）结束时，则可以保障绝大多数学生达到对该门学科的掌握水平。

四、"翻转掌握教学模式"在不同学科的实施原则

上述翻转掌握教学的基本环节或要素，适合于所有学科的教学。然而，不同的学科有着不同的特点和要求。教师需结合学科特点和学生学习需要，在各学科各学段灵活运用翻转掌握模式，详述如下[①]：

1. 人文课：课前阅读，课堂讨论

语文、历史、政治、社会等人文类学科，因具有一定的历史性、思想性和较强的现实针对性，具有史论结合的特点。因而，翻转掌握模式下，围绕教学目标，教师将学生个人难以获得的教学资料或史料，制成教学微视频，或者让学生在学习指导单的指导下，在网上收集相关资料和视频，进行课前阅读与思考。课堂上，师生讨论交流课前阅读的收获与困惑，深化和拓展对文本的认识和理解，培养学生的逻辑表达能力和辩证思维能力。就学习形式而言，课前的学习以观看微视频和阅读文本资料为主，课堂上可以组织学生辩论、演讲，或以模拟法庭的形式进行交流研讨、展示表达。需要课堂内进行写作的，也可以让学生进行更多的写作练习，写好之后，师生一起分析和讨论学生的作品。

2. 数学课：概念理解，思维深化

数学课的教学主要是让学生在概念理解和问题解决过程中培养

---

① 本部分参考了 Jonathan Bergmann & Aaron Sams. Flip your Classroom: reach every student in every class every day. ISTE ASCD. 2012. pp. 48 - 50.

其逻辑思维能力。翻转掌握模式下的数学教学,教师将对基本概念或原理的讲解录制成教学微视频,学生课前学习,完成并提交进阶作业;课堂上,师生交流,帮助学生深入理解基本概念,矫正进阶作业中出现的问题。在此基础上进行综合练习,拓展深化。课堂结束前,需对学生要掌握的基本概念和技能当堂检测,然后给予个别反馈与指导。学有余力的学生有机会挑战自我,从事更加复杂的数学理解和应用。

3. 外语课:语言积累,应用练习

外语课注重的是学生听说读写的语言练习,在练习和运用中提高学生的语言素养。上好翻转掌握模式的外语课,教师需要在教学目标和学习指导单的帮助下,预先录制好相应的语法点、词汇点、对话背景、阅读的指导等事实性知识,供学生课前学习;课堂上,学生有更多的时间和机会练习和应用语言,比如用外语对话,阅读,写故事等,以此提升学生语言学习的主动性和有效性,让课堂学习变得更有趣。课堂结束前,可以做练习题的方式,也可以是写短文或角色表演的方式,就学生所必须掌握的知识和技能,当堂检测。教帅及时进行诊断,给予反馈指导等。

4. 技艺课:讲解演示,练习掌握

体育、音乐、美术、书法以及劳动技术课等学科教学共同的特点是,知识讲解和技能演示紧密结合。课前录制的教学微视频可以让老师围绕技能操作的要点进行讲解,并做出相应技能技巧的演示。学生在视频学习的基础上,课堂上就有更多的时间进行技能练习,教师则可以对每个学生练习的情况进行更多个性化的矫正和指导。并且,无论是课前,还是课中,学生观看视频中教师的技能操作或演示,会比在看老师现场的操作演示,看得更为清晰。没有看清的地方可以暂停或重播,这是现场技能演示所不具备的优势。

上述是不同学科实施翻转掌握教学模式需把握的基本原则,具体到每堂课该如何上,教师需根据实际需要灵活处理。

五、"翻转掌握教学模式"的反思与实施注意事项

按照布卢姆的主张,翻转掌握模式教学,可以让大多数学生(95％以上)对某学科的学习达到掌握水平。这需要在教学目标的引导下,以学生的学为基础,选择适合的教学方法与教学资料,给每个学生适合其需要的时间保障。

实践中这对一线教师提出了更高的要求,要求教师切实转变教育教学理念,明确教学目标,以学生的学情决定教师的教情,改变教育教学方式,做学生学习的引导者和促进者。实施翻转掌握教学模式,要求教师既要深刻把握教学目标、教学内容,又要充分了解学生学习的基础、学习的特点和需要,在此基础上给每个学生有针对性地指导和帮助。借助于信息技术,可以帮助教师实施这一教学过程,然而,教学效果如何,最终的决定因素还是教师本人,是教师的学科素养和教育素养。任何教学活动或教学方法的实施都和实施者本人的素养密切相关,翻转掌握教学模式并不例外。

与此同时,需要指出的是,并不是每门学科的每堂课的教学都要用翻转掌握的模式来上课。上述的各个基本环节与要素也不是固定不变的,也不是每个环节都必不可少。教师需根据实际需要,恰当选择,灵活使用。

第二节 翻转课堂教学中"翻转探究教学模式"分析
——以科学课和项目设计类翻转课堂教学为例

一、探究式学与教：一种重要的教学形式

（一）发现、创造与探究式学习

学生学习新知，主要是通过两种途径：一是直接接受他人已经发现和总结的知识，即识记或理解知识；二是自己主动探索和探究获取知识，即发现和创造知识。前一种知识获取方式也被称为被动接受，后一种方式也被称为主动探究。如果说上述两种知识获取方式是处于一个序列的两端的话，那么处于这两端之间会有很多种方法，有的学习方法更倾向于被动接受，而有的学习方法更倾向于主动探究。所以，探究式学习或探究为主的学习方式是学生学习新知的重要方式。在探究过程中发现或创造知识，学习印象更深，体验更强，在此过程中学生的发展往往也是多方面的，因而它是学生学习的一种重要形式。

需要说明的是，学生的发现和创造，一方面，它不同于科学家的发现和创造，学生的发现或创造，既可以是发现或创造出全新的、未曾被认识或出现过的东西，也可以是儿童通过自己的研究、实验或实践，"发现或创造"出他人已知的东西。诚如美国教育心理学家布鲁纳所言："发现，当然不局限于发现人类尚未知晓的事物的行动，而是

包括用自己头脑亲自获得知识的一切形式。"①

另一方面,和成人的发现与创造过程相似,学生学习过程中的发现与创造往往需要如下条件的支持:

1. 发现与创造需要相应的问题情景。任何发现与创造都是在一定的情境中、基于解决问题的需要,并在解决问题的过程中才有所发现和创造的。不存在为创造而创造、为发现而发现的过程和成果。

2. 发现和创造需要以一定的经验和知识为基础。在解决问题的过程中,需要一定的知识经验作基础。不可能凭空就有所发现或创造,任何发现和创造都是需要一定的知识和经验作为基础的。

3. 儿童的发现与创造过程是自主的过程。任何发现和创造都是个体自主自发的过程,外在因素可能会起到一定的刺激和激发作用,但最终是个体积极、自主的过程。所以,教学要为儿童营造自由宽松的氛围,让儿童自主积极地尝试与探究。

4. 儿童的发现与创造需要教师、专家的指导和帮助。在儿童探索的过程中,教师的指导、帮助、对探究过程的及时反馈,对学生的探究有重要作用。

儿童发现和创造的这些特点,为学生创造力的培养提供了重要指导。

(二) 探究式教学及其优势

和上述儿童的两种学习方式相对应,从教学方法的角度而言,也可以将教学分为两大类别:讲授式教学和探究式教学。讲授式教学,以教师的讲解、学生听讲为主,理解讲授内容;探究式教学,以学生个

---

① 施良方. 学习论[M]. 北京:人民教育出版社,2011:212.

人积极主动地思考,动手实践,动手实验为主,突出学生在实践(实验)过程中发现新知,总结规律,有所发明创造。当然,这种分类也不是绝对的,如果说讲授式教学和探究式教学处于一个序列的两端的话,那么处于这两端中间会有很多种教学方法,有的侧重于讲授式,有的更倾向于探究式。布卢姆也持相似观点,他认为:所有的教学都是从教导式到辩证式排列的,如果说教导式教学处于教学序列中的一端,辩证式教学处于序列中的另一端,任何一种教学形式都是处于这两端之间的一点上,有的教学形式更侧重于教导,有的教学形式更侧重于辩证。①

约翰·杜威(John Deway)在《民主主义与教育》一书中主张,教育即生活、生长和经验的改造。在教学策略方面,他明确反对直接讲授知识的教学方式。他说:犹如从工具箱中取出锯子不是制造工具,从别人口中听来知识也非真正获得知识。因为儿童坐在固定的座位上,静听讲解与记诵课本,全然处于消极被动地位,单凭教师灌输去吸取与生活无关的教条,绝谈不到掌握知识,谈不到积极、自觉和爱好、兴趣,更不能自由探索和启发智慧,其结果是抑制儿童的活力和滞塞儿童的创造才能。因而杜威坚决反对这种把"学习知识从生活中孤立出来作为直接追求的事体",因而他倡导"从做中学"。做是根本,没有做则儿童学习无有凭借。充分利用"儿童的游戏本能",让他们以活动为媒介而间接地学到知识。杜威对儿童的"做中学"充满信心,他认为,儿童在生活中遇到疑难问题,而力求克服,自然引起他们高度注意。儿童的知识虽然贫乏,但当他全力以赴探讨感觉需要解决的疑难时,他会像真正的科学家那样肯于动脑筋和付出心血。

---

① B·S·布卢姆等著,邱渊等译. 教育评价[M]. 上海:华东师范大学出版社,1987:19.

杜威认为，在教学过程中，教学过程的安排和思维的因素是相同的。因而，理想的教学活动中，教师应鼓励儿童在活动时开动大脑，运用观察和推测，实验和分析，比较和判断，使他们的手足耳目和头脑等等身体器官，成为智慧的源泉。所以，他认为"设计教学法"是理想的教学方法。"设计教学法"和思维的五个步骤很相似，包括：1. 要安排真实的情景；2. 在情境中要有刺激思维的课题；3. 要有可利用的资料以做出解决疑难的假定；4. 要从活动去证验假定；5. 根据验证成败得出结论。①

从上可以看出，设计教学法和探究式教学的思路是一致的。应该说，讲授式教学和探究式教学对于学生而言都是很重要的，只是适合于不同的学习任务和学习类型而已。初学者如低年龄段学生的学习，或是当学生开始从事一个新领域的学习时，探究式地学与教是非常必要的。学生在积极尝试、参与实践中会有更多直观感悟，获得更多体验，理解思考得更为深入。而当学生对所学内容有了一定的实践经历或直观的感悟和体验后，讲授式教学直接讲解现象背后的原理，则是非常高效的。还有，如果学生的学习任务是需要设计或者创作一个产品或一件作品，或是为生活中的问题提出一项解决方案等，对于完成这些学习任务，学生进行探究式学习，针对问题做出假设，进行调研、实践或实验等，教学过程中运用探究式教学则是非常重要的。此外，从学科的角度来看，物理、化学、生物等实验类学科以及跨学科的创新项目设计类的学习，其中很多内容，需要以实验为基础或者在实验中学习，则更需要探究式学习，在此过程中学生学习的兴趣更高，体验性更强，学习效果也更好。

从中小学教学的要求来看，科学、物理、化学、生物等学科教学的

---

① 杜威著，王承绪译. 民主主义与教育［M］. 北京：人民教育出版社，1984：29.

重要目标之一,就是培养学生的探究精神和能力,而这种能力培养的最好方式就是在探究式学与教的过程中进行。我国 2011 年版的《义务教育物理课程标准》对物理学科的教学有如下规定和要求:义务教育阶段物理教学,不仅注重学生物理知识的获得与技能的提升,更应注重学生学习兴趣的激发,探究能力和创新意识等科学精神的培养。应注重让学生经历实验探究过程,在实验探究中学习科学知识与科学方法,提高分析问题和解决问题的能力。2011 年版的《义务教育化学课程标准》指出:化学是一门以实验为基础的学科,在教学中创设以实验为主的科学探究活动,有助于激发学生对科学的兴趣,引导学生在观察、实验和交流中学习化学知识,提高学生的科学探究能力。让学生有更多机会主动地体验科学探究的过程,在知识的形成、相互联系和应用过程中养成科学的态度,学习科学方法,在"做中学"的探究实践中培养学生的创新精神和实践能力。2011 年版的《科学课程标准》,把"科学探究"作为一种学习方式来对待,鼓励师生学会掌握这种方法,如要求学生学会提出问题和假设,设计研究方案,获取证据,分析和处理证据,得出结论,并进行评价与交流。在这个过程中学会科学探究方式,能用科学探究的过程和方法开展学习和探索活动,掌握观察、实验、收集处理信息的基本技能。

上述这些规定和要求都反映了今天我们对探究式教学以及培养学生科学探究精神和能力的高度重视。如何在具体的学科教学中落实好探究式教学则是今天中小学教学改革的一项重要任务。

二、"翻转探究教学模式"的优势与意义

对于上述科学、物理、化学、生物等学科以及跨学科项目设计的

教学而言，在当今信息技术的背景下，利用移动互联网带来的便利，采用翻转教学的方式，则可以更加高效地实施探究式教学，更加有利于培养学生的探究意识和能力，更好地提升学生发现与创造的能力，我们把这一教学方式称为"翻转探究教学模式"。以物理课为例，所谓"翻转探究教学模式"是指，借助于信息技术的便利，利用学习平台和课堂教学各自的教学优势，让学生在直接或间接地在从事科学实验探究的过程中，达到对物理原理的理解，能利用物理原理分析和解决相应的实际问题，或进行一定的创造发明。遵循该教学思路，在理化生和科学科目的教学中，采用翻转探究的教学模式，要注重从学生周围的生活现象出发，引出探究的课题，提出要解决的问题，师生、生生通过学习基础知识，实验探究，收集证据，得出相关结论，总结出内在规律，或服务于实际问题的解决，或创造发明出新的产品等。

翻转探究的教学模式，之于理化生等科学学科以及跨学科项目设计类课程的教学，其优势表现在如下几个方面：

一是微视频可以丰富生活案例，增强学生体验。课前以微视频为主要载体的线上学习，这也即是慕课学习的阶段。该阶段的学习借助于慕课学习平台，充分利用视频的优势，呈现诸多和学习主题有关的各种现象：大至宏大宇宙如星球的分布及其运动轨迹，小至不易看到的分子、原子及其运动规律等，乃至一些有毒危险气体液体的呈现等，微视频的呈现方式可以极大地丰富学生的感性经验与认识，增强学生直观体验，将学习内容和学生生活紧密相联。在有了更多直观感受的基础上，老师提出恰当的思考性问题，激发学生探究其内在原理和规律的兴趣与好奇心，引发学生深入思考。这是微视频之于翻转探究式教学的优势之一。

二是利用互联网的便利，随时随地获取所需知识。生活世界本来就是综合的,解决问题所需的知识也是多方面的。同样,在跨学科的项目设计或跨学科创新课程的探究学习中,解决一个实践问题,设计一个实践方案,很多时候需要跨学科的知识。这些知识中,有的学生已经学习过,有的知识并没有学习过。在这种情况下,通过移动互联网学习的优势就显现出来了,学生可以随时随地在网上查询所需要的知识点,查询实践(实验)过程中的困惑和疑难的原因,寻求解决的思路和对策,也可以在线上和全球的同伴交流。这是移动互联网带给翻转探究教学的最大便利。

三是在教师的指导下师生、生生进行更多的实验探究。针对一个项目或问题,因为有了前置的概念和原理的学习,在翻转后的学习中,师生、生生可以有更多时间和机会一起开展实验,合作探究,创造设计。此时,学生有更多动手操作的机会,更多交流讨论和体验的时间与机会。在此过程中,学生体会科学探究的艰辛,体验新发现新发明的愉悦。培养科学的精神和态度,学习科学探究的方法,发展学生多方面的综合素养。

深圳南山实验教育集团初中物理课翻转探究式教学

三、"翻转探究教学模式"实施的思路和环节

实践和研究发现,"翻转探究式"教学可以遵循下述思路和环节:

(一) 从社会现象引入,提出问题,激发探究兴趣

物理、化学、生物以及跨学科创新实验项目设计类的课程教学,需要从学生周围的生活现象出发引出需要讨论或学习的主题。提出能够引发学生思考的问题,让学生先行自学。例如物理教学中讲授"分子运动"这个现象时,教师提前布置了如下的作业:妈妈晚饭做了什么菜,你如果在客厅或书房,是否可以闻到香味? 闻到了什么样的香味? 为什么呢? 从这个生活体验出发,让学生思考,学生就比较容易理解分子运动这一现象。课堂上可以进行更多的交流、联系和应用等。

当然,如果是较为复杂的课题,上翻转课堂教学,学生课前的学习需在教师和相关专家的指导下完成。例如,围绕需要设计的项目"无人驾驶飞机模型设计",感兴趣的学生组成一个兴趣小组,教师可以先让学生自行学习和思考设计无人驾驶飞机的意义有哪些? 飞机制造原理有哪些? 无人驾驶飞机和有人驾驶飞机最重要的区别是什么? 无人驾驶飞机中,最重要的部件是什么? 工作的原理是什么? 提出了这些引发学生学习和思考的问题之后,还需要给学生提供相关的学科知识和背景知识,以及进一步学习的方向、路径和线索。

在此基础上提出假设,如果设计一个无人驾驶飞机,可以有什么样的思路和方案? 需要同学们做好哪些方面的准备? 这一阶段,学生主要在教师的引导下,独立学习和思考,自己提出假设和猜想。这

个过程是学生在线学习的过程,也是学生独立自学的过程。当然,这一过程中,如有任何问题,学生可以在线与同学交流、向老师和专家请教。

(二) 交流与分享学生的思考或提出的假设

围绕"无人驾驶飞机"的模型的设计项目,学生在先行学习相关知识和提出假设的基础上,教师和专家组织学生面对面地交流与分享,让学生说出自己的设计假设和思路,需要做的各方面的准备。针对该假设和思路,师生一起讨论其合理之处与不合理之处以及需要进行修改的地方,所需要的知识是否足以支撑其设计方案的实现,所需的材料需要具备什么样的特点,从哪里可以获得等。

(三) 尝试设计,不断修正,总结反思

在上述的学习、思考、交流和准备较为充分的基础上,在学校教师乃至相关专家的帮助下,学生就可以动手操作,尝试设计。做了一段时间,进行反思和小结。发现错误及时修正,遇到问题和同学与老师商量,寻找解决或改善的思路和方法。该探究式教学的过程是一个较为长期的过程,并非一两次实践尝试就可以解决。当然,这一过程是学生多方面科学素养提升的过程,不仅是科学知识和技能的获得和应用,同时也是学生学习科学方法,养成科学精神的过程。如前所言,相对于成人的发现和创造而言,在教学过程中,对儿童发现和创造过程的重视应重于对结果的重视。

需要注意的是,中小学生的实验探究,同样需要遵循科学实验的一般步骤,如发现问题,提出假设,观察与收集证据,证实或证伪假设,得出结论。并在实验过程中培养科学精神、科学态度,为后续的

研究奠定良好的基础。

镇江外国语学校化学课翻转课堂教学

四、"翻转探究教学模式"教学过程中教师的角色定位

在探究式学习过程中，学生对知识的学习、信息的获取，可以充分利用互联网的便利在网上学习，和同伴和老师交流。所以，在项目的探究或实验进行过程中，教师的讲解少了，和学生一起探究的时间更多了。教师更多地是学生学习和探究教学的指导者、支持者，而不是监督者和讲授者的角色。如杜威所言，教师应成为儿童活动的伙伴或参加者，而不是活动的监督者或旁观者。在这种共同的活动中，教师也是一个学习的人，学生虽自己不知道，其实也是一个教师，师生愈不分彼此愈好。[1] 当然，这对教师是提出了更高的要求，用爱默生的话来说，这并非给教师开方便之门，叫他们偷闲偷懒，而是要求

---

① 杜威著，王承绪译. 民主主义与教育[M]. 北京：人民教育出版社，1984：28.

他们支付时间,善用思考,并须具有真知灼见和实事求是的精神。教师要品德高尚,学问广博,才能安排妥当的环境,诱导儿童好好地通过生活而改造经验。① 所以,虽然教师直接讲解新知的时间少了,但是对学生学习的指导丝毫没有减弱。

第三节 翻转课堂教学中的"翻转建构教学模式"分析
——以人文社科类学科翻转课堂教学为例

基础教育阶段慕课加翻转课堂实践推进过程中,理科类科目如数学、物理、生物、化学等学科被认为更容易实施翻转课堂的教学,学校和教师往往也先从这些学科开始尝试。然而,诸如政治、历史、人文地理、社会、思想品德和艺术等人文社科类科目该如何实施翻转课堂的教学,不少教师还存在疑问和困惑。其实,人文社科类科目有自身的学科性质和教学要求,翻转课堂教学模式对其中有些内容的教学也具有明显优势。

一、"翻转建构式教学模式"的内涵与优势

纵观课程标准对历史、地理、社会、政治和思想品德等学科性质的规定,综合性、实践性、生活性、思想性和人文性是这些学科的共同性质;教学时,从学生生活实际出发,遵循唯物史观,注重创新意识和

---

① 杜威著,王承绪译.民主主义与教育[M].北京:人民教育出版社,1984:21.

实践能力的培养，注重培养学生独立思考的习惯，鼓励学生提出自己的看法，为学生自主学习营造宽松氛围，是这些学科教学的共同要求；而关注学科教学对学生终身发展的影响，提升学生生活质量和精神境界，是这些学科教学的重要功能。在教学目标方面，这些学科尤为注重让学生掌握学科的基础知识与基本方法，培养学生的国家认同感、历史使命感和国际视野等综合素养。如义务教育阶段的"历史与社会"这门课程，2011 年版的义务教育阶段课程标准中提出了"在加强教师引导的同时，要努力创设开放的学习环境和氛围，帮助学生在发现问题的基础上，收集并运用相关信息，自己得出结论，并有机会阐释各自的观点与看法。同时，要鼓励学生依据材料，合理想象，多角度、多层面思维，大胆提出自己的创见"。

常州北郊初中英语学科翻转课堂教学观摩研讨

基于此，我们认为，上述人文社科类科目教学的重要特点是"有史（事）有论，史（事）论结合"。一方面强调对史事的把握，另一方面也注重学生本人对史事的理解与思考。教学中，在把握事实的基础上，鼓励学生发表自己的主张与见解，对于史事大胆提出自己的创见。我们把上述教学思路称之为"基于文本，自主建构"，也即是翻转课堂教学中的"翻转建构教学模式"。该模式主张，在教师的指导下，学生课前自主学习历史、社会等文本资料的内容，在充分理解文本内涵的基础上，学生需形成自己的观点，发表自己对历史和社会事件的想法与看法，这就是自我建构的过程。当然，学生的自我建构是基于特定文本资料或史料的，不是凭空建构自己的猜想与观点。而"基于文本"的过程即是一个阅读文本的过程，是信息吸取和内化的过程，强调对史事的了解与把握；"自主建构"则是指在此基础上学生形成自己的观点和看法的过程，是学生主动思考的过程。从布卢姆认知目标分类学的角度来看，"基于文本"的过程也是学生知识理解和识记的过程，处于认知目标分类的底端；"自主建构"的过程是学生运用知识进行分析、综合、应用和评价的过程，处于认知目标分类的顶端。"自主建构"的过程加入了学生自身的经历与体验，融入了其对社会和人生的体悟，具有了更多个人的主观色彩。

青岛经济开发区初中语文课翻转课堂观摩研讨

"基于文本，自主建构"的教学过程是符合建构主义教学主张的。

建构主义学者认为,学习是儿童主动建构的过程,是主体与客体之间相互作用的过程,是个体与环境交互作用的过程。研究学生学习时,他们常问:"你是怎么知道的?"而不是:"你知道吗?"在他们看来,如果儿童不能解释他们是怎么知道的,就说明他实际上还没有学会。[①]如果从积极学习与消极学习的角度来划分,"基于文本"即把握事实的过程,是一个消极学习的过程;而"自主建构"的过程则是学生形成主张、发表观点的过程,更多地是一个积极学习的过程,在此过程中学生观点的形成和他本人的人生经历、人生观和价值观具有密切关系。当然,这并不是说消极学习没有意义,它也是学习的一种重要形式,对于学生发展同样非常重要,没有这一过程,积极学习也很难发生。

青岛二中英语课翻转课堂教学观摩研讨

纵观以往历史、社会等人文社科类科目的教学,由于教育教学理念、教学环境与条件以及教学时间等方面的限制,课堂上的教学多以

---

① 施良方.学习论[M].北京:人民教育出版社,2001:182—184.

教师讲授为主,而教学内容多为事实的传递,学生学习的重点也是记住这些事实,学习方式较为被动。课堂教学枯燥乏味,学生提不起精神,教师缺乏教学的热情和激情。除了记住一些事实外,学生的高级思维能力没有得到很好的发展。因而,如何激发学生学习的兴趣和动力,提升这些学科的课堂教学效益,更好地发展学生的高级思维能力,是这些学科教师共同关注的话题。

不难看出,在网络信息技术的支持下,采用翻转课堂教学方式,遵循"基于文本,自主建构"的教学思路,让学生课前自主学习教学视频,认真阅读文本,完成基础知识与事实的把握,回答教师提出的问题,或者是自己提出阅读的困惑或问题,不懂的地方可以课前先通过学习平台进行初步的讨论与交流;课堂上则有更多的时间,师生一起深入讨论交流,鼓励学生合理想象,大胆假设,形成并发表自己的观点与看法,进而深化对事实的理解与认识。该教学模式比较有利于改善传统人文社科等学科教学的不足,实现新课程改革的要求,提升课堂教学效益,更好地实现教学目标。

二、"翻转建构式教学模式"的实施思路与环节

基于课堂观察和反思分析,历史、地理、社会和政治等注重叙述史事和鼓励学生自主建构的学科,遵循"基于文本、自主建构"的教学原则,翻转课堂教学中应注意如下教学思路和基本环节:

(一) 课前教学:阅史知事,基本理解

翻转课堂教学模式下,课前教学与课堂教学是一个有机的整体,各自的侧重点不同,课前教与学的质量直接影响到课堂内教与学的

质量。就上述人文社科类科目的教学而言，课前学习与课堂教学的重点也有所不同。课前学习的主要任务是完成对史料的阅读与把握，掌握基本事实，初步形成自我的理解与看法。而课堂教学的重点则是师生、生生更为深入地交流与研讨，解答学生的困惑和疑问，激发学生自主地思考与想象，进一步深化对主题的认识，并能在生活中有效使用。

清华大学附中英语课翻转课堂教学观摩研讨

学生课前的学习，需要在学习指导单的帮助下，明确教学目标、教学内容、教学重点和难点，自主学习。具体而言，课前学习内容与形式有如下几种：

1. 学习教学视频。教学微视频中，教师讲解基本知识点，提示学习重难点，指出阅读的方法，呈现学生难以获得的基础史料。

2. 拓展阅读史料。对于事实的把握，尤其是初高中阶段的历史、社会、语文阅读等学科，学生仅看视频显然是不够的。除了看视频，学生要根据老师的提示或自己的兴趣，拓展阅读和本知识点有关的史料与事实，以便对基本事实有更全面深入的认识。

3. 提出并思考问题。在课前学习的过程中，问题可以由老师提出,也可以由学生提出。对于提出的问题,学生课前可通过各种学习平台如 QQ 群、微信平台等和同学进行初步探讨。

上海市建平中学田颖城老师在教授高一历史《新文化运动》的知识点时,教学微视频重点介绍了新文化运动发起的缘由、主要代表人物及其观点和相关活动。在此基础上,教师提出了"三问":(1)胡适、鲁迅、李大钊文章之"新"在何处及其价值;(2)新文化运动为什么能"运动"起来;(3)有人把"太平天国运动、新文化运动、文化大革命"三件事并列,说其共性都是对传统文化的否定,你怎么看?

为了回答这"三问",学生在手机上观看教学视频,在网上查阅相关资料,并通过微信平台讨论交流。讨论到位的,就不在课上讨论。讨论不到位的,才拿到课上讨论。当然要回答好这"三问",仅看视频不一定能够把握足够的材料,这就需要老师给出"阅读建议"或"阅读指引",即告诉学生阅读哪些方面的文献或者是去哪里寻找相关资料。学生只有把握了充足的资料,才能理解得全面深刻,才会形成客观独到的见解,讨论才会更深入。①

青岛二中语文特级教师郝敬宏在上《烛之武退秦师》一课时,先通过视频给学生讲解了烛之武退秦师的过程。教学视频中教师的讲解,从"秦晋之好"与"秦晋交恶"的典故开始讲起,激发了学生学习的兴趣。学生在视频学习过程中,学习了重点字词的用法,疏通了文本大意,深刻理解了秦晋两国关系背景,凸显烛之武退秦师的智慧。在此基础上,老师提出了让学生反思的问题:烛之武是如何能够成功退秦师的?学生在教师的指导下学习视频,阅读拓展资料,思考讨论老师提出的问题,完成课前的学习。

---

① 田颖城."翻转课堂":我的尝试与思考[J].人民教育,2014(18).

（二）课堂教学：深化认识，综合提升

在翻转的课堂教学中，师生、生生有面对面交流的情景。所以，如果说课前的学习重视史料把握、事实知晓；课堂教学的重点就是分析事实，结合个人体会形成自我主张，提出服务现实的思路与想法。一般而言，翻转后的课堂教学从以下几个环节考虑：

1. 交流收获，夯实基础

课堂开始时，需要依照课程标准对教学的要求，教师组织学生以交流课前学习收获和感受的形式，检测学生知识与技能的达标情况，落实课前学习任务。检测的形式可以是测试题的形式，也可以是游戏化的形式。例如在《烛之武退秦师》这节课上，课堂一开始，老师就说到：你想成为像烛之武那样三言两语就可成功击破秦晋联盟并且与秦成功结盟的外交官吗？那么你必须具备三种知识和三种能力，下面就是我们的知识与能力大闯关。而这三关的内容，恰恰是课文需要重点掌握的字词、历史知识和语言表达技能等。

此环节的重点是检测学生对基础知识与技能把握的情况，夯实学习的基础。对于学生把握不到位的，教师及时讲解与引导。对于基础较好、能力较强的学生而言，该环节的教学不需太长时间，15 分钟左右即可。而对基础比较薄弱，学习能力较差的学生而言，该环节占用时间会较长。各个学校、各个班级根据自身情况灵活把握。

2. 深化讨论，丰富认识

在夯实基础知识与技能的基础上，人文社科等科目翻转课堂进入重要的教学环节，即深化讨论交流，学生发表个人见解。讨论的问题来源于两个方面：一是课前教师或学生个人提出的问题；二是课堂上老师或学生当堂提出的问题。就上述两节课（《烛之武退秦师》、《新文化运动》）而言，在课前学生自学阶段，老师就提出了需要学生思考与讨论的问题,课堂上可直接组织学生发表个人的见解。

青岛二中刘兆霞老师在上高中语文《套中人》的翻转课堂教学时,课堂上学生交流了文本大意后,老师及时提出了这样的问题:"对于别里科夫这样的人物,有人可怜他,说他值得同情;有人厌恶他,说他必须批判。你对别里科夫持怎样的态度?"围绕这个问题,学生纷纷发表自己的想法。该环节的教学,学生大胆发表自己的想法、观点与见解。针对不同的观点,师生、生生相互补充,相互激发,相互质疑,以此深化和丰富对文本的理解与认识,培养学生的综合素养。

3. 活学活用,改进实践

"前车之鉴,后事之师","他山之石,可以攻玉",学生学习史地等人文社会学科,在丰富知识、提升素养的同时,直面当前的社会处境与问题,为当前及今后社会发展与个人成长提供可资借鉴的意见和建议,激发学生对美好生活的追求与向往,引领社会道德风尚,培养学生的崇高价值追求与良好品德,也是这些学科教学的一大功能。

在《烛之武退秦师》的翻转后的课堂上,一段时间内教室成了一个"会场",教师组织学生模拟东盟峰会。在学生完成了基础知识与能力考验的基础上,教师让学生设计一段外交辞令。学生分别以角色扮演的方式,由"我方领导人"分别向"菲律宾"、"新加坡"、"越南"等国"领导人"游说,促使他们加强与中国的战略合作。在此过程中,学生活学活用,学得扎实,体验深刻,综合素养得以提升,师生反应很好。因为东盟、日本和中国三者的关系,无论是地理位置还是历史渊源以及利害关系都与本文中秦、晋、郑三国的处境具有相似性。所以学生要想完成此项目,涉及把握相关的历史、地理、政治知识,但最重要的是运用语言表达的技巧,这正是《烛之武退秦师》学习的一个重点。

与此相类似,在上海市七宝中学九年级的政治课《经济发展与社会发展的关系》的翻转课堂上，课前的视频教学中，学生学习了经济发展与社会发展的基本关系。课堂上，知识与技能的检测结束后，教师结合大同市城市发展的个案，要求同学们给出改进城市发展的建议。学生们纷纷以大同市市长角色自居，为改善城市建设和促进社会发展提出思路，制定方案。这一活动发展了学生知识应用的能力，活跃了学生的思维，很好地提升了课堂教学效益。

上海育才初级中学信息技术课翻转课堂教学观摩研讨

三、"翻转建构式课堂教学模式"的实施成效

研究初步表明，诸如地理、历史、社会、政治和社会等人文社科类学科的教学，遵循"基于文本 自主建构"的翻转课堂教学模式，课堂教学呈现出了如下几个方面的特征：

（一）学习参与度高，学生喜欢这样的课堂

通过微视频、教材等多种形式学习以及网上的交流和求助，学生

基本把握了知识内容。在这种条件下，课堂学习的形式更加灵活了，课堂氛围更活跃了，学生参与和表现的机会更多了，教师对学生的帮助更具针对性了。因而，实施翻转课堂，学生非常欢迎。"学生喜欢这样的课堂"，是老师们普遍的反映。

（二）讨论交流深入，高级思维能力得以培养

相对于以往教师讲授、学生听讲为主的课堂教学，在翻转的课堂上，"学生的问题多，五花八门，教师难以应对"；"学生问的问题更有深度了、更有层次了"；"学生思维活跃，争着要发言，有时甚至老师都插不上话"，是老师们经常说起的话题，也是人文社科类翻转课堂教学常见的状态。这是翻转课堂之于人文社科类学科教学的最大魅力所在。这是学生发散思维和深度思维得以培育的过程，而这恰恰也是传统的人文社科课堂教学中比较欠缺的。《烛之武退秦师》的课堂上，同学模拟外交官的形式，设计外交辞令，说服他人，难度高，挑战性强，但是学生喜欢。如有同学所言："虽然没有被同学评为最佳外交官，但是还是很喜欢这种上课形式，知识得到应用，不像以前多是被动地接受知识。我还知道论述时要有理有据，要熟悉历史，方能胜出。"①

（三）知识技能得以夯实，学生学业成绩的提升

实施翻转课堂教学，学生知识技能的学习在程序上有足够的保障，课前的视频和其他资料的学习，是围绕着基础知识展开的。而在

---

① 刘森等. 明天，我们该怎样上课？［EB/OL］. http://epaper. qingdaonews. com/html/qdrb/20131107/qdrb646372. html-2015－10－13.

翻转后的课堂上,第一环节就是组织学生谈学习收获与感受,进一步夯实与巩固知识,有问题的即时给予解答。因而,学生知识技能的学习可以有比较充分的保障,学生学业成绩得到提高。青岛二中高一语文老师郝敬宏给自己教的两个班出了一份针对前段知识学习的10道小测查题,一个班18个全对,另一个班则有27个全对。"即使排除两个班的差异,这个结果也可以说明慕课与翻转课堂的魅力。"郝老师说,因为前者沿用着传统的教学模式,后者则采用了慕课与翻转课堂的形式。[①]

(四) 教师更好地把握学情,教学的针对性增强

以往,教师对学情的把握很大程度上是基于个人教学经验或直观判断。而在信息化和大数据的支持下,教师对学情的把握有了数据的支持,更加科学和准确。实施翻转课堂教学,学生课前先行自学教学微视频和其他学习资料,完成老师布置的进阶作业。在学习平台的支撑下,学习分析系统可以自动统计分析每位学生学习的时间、与同伴互动交流的情况、进阶作业完成的情况等学情信息。教师课前浏览一下学习平台的统计分析数据,就可以比较清晰地把握班级内学生学习的情况:哪些同学已经完全掌握了,哪些同学基本掌握了,还有哪几个同学没有理解基本概念。进阶作业中的某个题目,哪几个同学答对了,哪几个没有答对。哪个题目所有的同学都做对了,哪个题目的答错率比较高等,这些信息教师一目了然。上课时,对完全掌握了基本概念的学生,教师该提供什么样的帮助;而对还没有掌握基本概念的学生,教师又该提供什么样的指导。教师需要调整已

---

① 田爱丽. 借助慕课,改善人才培养模式[J]. 中小学信息技术教育,2014(2).

有的教学内容,让教学和指导的针对性更强,教学效益得以提升。

上海市一师附小英语课翻转课堂教学观摩研讨

四、实施"翻转建构式课堂教学模式"需注意的事项

在实施"基于文本 自主建构"的翻转建构课堂教学模式中,需要注意如下几个方面的事项:

(一) 基于事实,辩证分析

对于上述人文社科类学科,有史有论,史论结合,或者说有事实有观点,是其教学的主要特点和要求。"基于文本 自主建构"的翻转课堂教学模式,首先也是最为基本的,学生要掌握事实,要全面而又深入地了解事实。尤其是历史事件,要思考彼时彼地的历史条件和社会背景,设身处地地考虑当事人面临的条件和选择,辩证地看待历史事件。不了解事实,就妄下结论或发表评论,只能是主观臆断,

经不起推敲和检验。所以，课前的自主学习，就不仅要学习视频，明确教学目标、教学要求、学习方法等，还要在老师的指引下，拓展阅读相关史料，尽可能做到全面把握客观事实。

在对事实有了全面理解把握的基础上，组织学生对文本进行分析、深入思考，发展学生的高级思维能力如分析、综合、应用、评价等，是这些学科教学的追求。纽约哈莱姆的一所高级中学曾经提出在富于技术化的环境中，在事实性知识可得的情况下，人文学科该如何教的课题。经过探索，他们认为，鼓励学生学会收集和阅读信息，大胆提出自己的看法，培养学生的独立思考能力和批判性思维能力，应当是教学的重点。为此，上课发言讨论时，教师应引导学生从以下几个方面来呈现个人的见解[1]：

① 我们是从什么途径看到、读到、听到这个内容？

② 我们如何知道我们所知道的内容？证据是什么？可信度如何？

③ 事件、事情或人物之间是如何关联的？因果关系是什么？

④ 如果……，会怎么样？

⑤ 那又如何？它为什么重要？这些都意味着什么？谁在乎？

这些问题是学生在学校一切行为的中心，甚至是评价学生是否学到足够多的东西，达到可以毕业的标准。这些问题对学校所教内容的定义进行了拓展，包括了富技术时代适应性思维所需要的思考和行动。

---

[1] ［美］阿兰·柯林斯理查德·哈尔弗森著，陈家刚，程佳铭译. 技术时代重新思考教育［M］. 上海：华东师范大学出版社，2013：132。原文见 Darling-Hammond, L., Ancess, J., & Falk, B. (1995). Authentic assessment in action: Studies of schools and students at work. New York: Teachers College Press.

（二）合理想象，大胆建构

在对事实把握的基础上，教师鼓励学生结合个人生活经历和体验，对历史事实或社会现实提出自己的看法与观点，发表个人见解或提出改进的思路与建议，为现实的改善贡献自身力量。该环节，可鼓励学生大胆发言，合理想象。有时可采取头脑风暴的形式，让学生的思维自由发挥，提出尽可能多的意见和建议，这也是学生自主建构的重要过程与方法。

（三）激发情感，提升价值

弘扬主流价值观，激发学生对美好情愫的向往，是上述人文社会科学学科的教学重点，这也是这些学科的人文性、情感性所决定的。所以，通过上述学科的教学，需要引导学生正确认识个体与社会、与自然、与自我的关系，激发学生对真善美的追求，对幸福生活的向往，帮助学生树立崇高美好的理想，培养学生健康高尚的审美品位，养成乐观向上的生活态度等，这也是基础教育阶段人文社科类学科教学的重要价值。

总之，在网络信息技术和大数据的支撑下，实施"翻转建构的教学模式"，可以让学生课前自主学习和阅读，充分把握史料，深入了解事实。在这个基础上进行独立思考。课堂内更深入地研讨和交流，解决困惑和难题。这有助于提升人文社科类学科的教学效益，更有效地达成课程标准的要求。当然，具体到每门学科，针对不同的学生，老师需及时做出调整和变通，灵活运用该模式。

上海市市西中学历史和政治课翻转课堂教学观摩研讨

慕课与翻转课堂教学实施成效与问题

对于技术，我们应该以"接受"开始，然后对其设定边界；
而不是以"拒绝"开始，然后对其进行审查。

——美国 Urban School 领导者 Charlotte Worsley

　　我国基础教育领域内慕课和翻转课堂实施时间虽然不是很长，却也取得了良好的成效。为了更好地把握我国基础教育翻转课堂实施的现状和成效，发现存在的问题并分析其内在的原因，找出改进的思路，提出有针对性的建议，本研究采用了课堂观察、试卷与问卷调查、座谈访谈相结合的研究方法，对国内百余所实施慕课加翻转课堂教学的教师、学生进行了实证调查研究。本研究调查的主要内容包括慕课加翻转课堂的教学方式对学生综合素质发展的影响和对教师专业发展的影响两个方面。对学生综合素质发展影响的评价又通过两个方面的调查来呈现：一是学科测试试卷反映出的学生认知水平，二是学生调查问卷与访谈反映出的学生学习过程与方法、情感态度价值观等方面发展的情况；对教师专业发展的影响包括教师的学科素养、信息技术素养、教学管理智慧以及教学工作热情等方面发展的情况。

　　学生问卷调查的指标体系包括：翻转课堂对于学生的学习兴趣与态度、沟通与合作、思维能力、主动学习、师生关系、学习负担、学习愉悦感与成就感等方面的影响，以及翻转课堂实施中的问题与建议等；教师问卷调查的内容主要集中于：教师专业发展的维度与程度，该教学方式对于学生发展的影响以及翻转课堂实施中的问题与对策。

　　调查研究的过程如下：2014 年 10 月至 12 月，课题组在联盟学校共发放教师调查问卷 1 000 份，回收 1 000 份，有效问卷 372 份（因该问卷只调查正在实施慕课和翻转课堂的教师，所以，如果收到该问卷的老师并没有从事过慕课和翻转课堂的实践，调查组让其交白卷即可）。发送学生问卷 1 745 份，回收 1 745 份，有效问卷 1 745 份。调查的学段涵盖小学、初中到高中，覆盖学科有语文、英语、数学、物理、化学、科学、政治、历史、社会和地理等。调查学校涉及 C20 慕课联盟的共有 118 所。调查的区域涵盖全国 20 余个地市，分别是：上海市静安区、广州市、苏州市、南京市、合肥市、郑州市、银川市、常州市、长沙市、成都市、贵阳市、杭州市、温州市、瑞安市、齐齐哈尔市、沈阳市、青岛市、乌鲁木齐市、佳木斯市、济南市历下区。研究对调查问卷的信息进行了统计分析。与此同时，从 2013 年 8 月到 2015 年 6 月，课题负责人和团队共观看翻转课堂 150 节，对这些课堂进行了录像，并分别总结了语文课、数学课以及物理课等学科的微视频该怎么做，翻转课堂该怎么上。研究重点访谈了 20 位教师，访谈内容均有书面记录。接下来呈现调查结论：

第一节　慕课加翻转课堂与学生发展

学生综合素质的发展主要包括学生认知水平的发展，学习过程与方法的改善，情感态度价值观的提升等。简述如下：

一、学生认知水平的提升

慕课加翻转课堂的教学方式，对学生认知水平发展的影响，或者说对学生学业成绩的影响,主要是通过校内定期举行的学业水平测试等各种形成性评价的测试成绩来体现的。刚开始试行慕课加翻转课堂教学方式时,不少学校和老师开展了实验班和常规班相对照的微研究,根据前测和一系列后测的对比,来检测慕课加翻转课堂教学方式对学生学业成绩的影响。在这些对比实验中,有的是学科老师针对一个知识点或一个知识模块的教学来检测,即一个班级采用常规的教学方式教学,另一个班级采用慕课加翻转课堂方式教学;一段时间后,比较两个班级学生的学业成绩变化。有的学校试行的规模比较大,如将一个年级的 8 个班分成两大部分,4 个班按照常规的方式教学,4 个班借助信息技术,学校给师生配备平板电脑,采用慕课加翻转课堂的形式教学。多数学校刚开始试行时,会在一个年级的 2—3 个班级内尝试慕课加翻转课堂的教学形式。

不管是上述哪一种形式的尝试和实验,根据前测和一系列后测的对比,在学生起点和其他学习条件相似的情况下,慕课加翻转课堂的教学,对学生学业成绩的影响是相当积极的。下表 5—1 是江苏木渎高级中学地理老师马莉莉对高中地理学科翻转课堂实验结果的一个呈现。这是实验进行到半学期,学生期中测试的成绩。1—4、11—12 行分数是 6 个采用翻转课堂教学模式的实验班(4 个普通班级,2 个"培东班")学生的学业成绩,其余各行分数是 6 个采用常规课堂教学模式(同样是 4 个普通班,2 个"培东班")的班级学生的学业成绩。1—8 班是普通班,9—12 班是"培东班"。经过半个学期的尝试,无论是普通班还是"培东班",采用慕课加翻转课堂教学模式的实验班的学生的主观题和客观题的测试成绩都好于采用常规教学模式的班级的学生。

表 5-1　江苏木渎高级中学高一地理学科翻转课堂实验班和常规教学班级学业成绩对照图,时间为 2015 年上半年

班级		学号	姓名	客观	主观	地理
1	平均值			59.93	21.42	81.35
2	平均值			59.62	21.10	80.71
3	平均值			60.33	20.40	80.73
4	平均值			59.74	21.44	81.19
5	平均值			58.91	20.91	79.82
6	平均值			59.67	20.93	80.60
7	平均值			59.82	20.89	80.70
8	平均值			57.86	18.53	76.40
9	平均值			61.23	21.52	82.74
10	平均值			61.33	22.64	83.97
11	平均值			62.95	22.71	85.66
12	平均值			62.34	23.11	85.45
总计平均值				60.22	21.24	81.46

注:实验班的课堂作业量是常规班课后作业的1/4

　　下图 5-1 是南京游府西街小学数学老师对 2 个教学班级学生学业成绩对照的结果。比较有意思的是,如图中所示,刚开始时的前 5 次测试,实施翻转课堂教学实验班级学生的分数是略低于对照班级学生的成绩的。到了第 6 次测试,两个班级学生的成绩才基本一致。而从第 6 次测试之后,翻转课堂实验班级的学生每次都好于常规班级的学生。

　　这说明,刚刚开始尝试翻转课教学时,不管是老师还是学生对新模式的教学都有一个熟悉和适应的过程,这个过程中学生的学业成绩可能会有些许的波动,这是正常的实验现象。但是稍过一段时间,老师和学生一旦熟悉并适应了该教学模式,学生的学业成绩提升也是必然的。

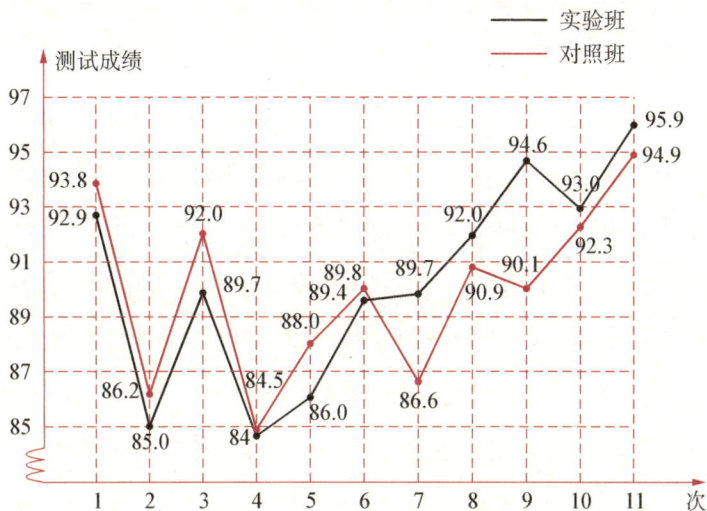

图 5-1 南京游府西街小学实验班与对照班学期综合测试成绩统计图 数据由南京游府西街小学提供,时间为 2014 年上半年

深圳南山实验教育集团的卜升华老师在 C20 慕课联盟成立一周年庆典上做经验分享时说到:在这里跟大家分享一下喜讯,我带的这届实验班充分证明了,翻转课堂教学是完全可以实现理想的教学效果的。全班的平均成绩是 635 的高分,在深圳市所有初中毕业生仅有 50% 的学生能够升入公办高中的情况下,班级内全部学生升入公办高中,自主招生提前录取 8 人,并且还有 3 人成绩在 800 分以上(总分 900)。其实我最高兴的不是成绩,我最高兴的是,在这种教学模式下学生们的逻辑表达得到了质的飞跃,自主学习能力已然形成,这些对他们的后续学习来说,真的是会产生无法估量的积极影响。

实施慕课加翻转课堂教学比较早的学校,如重庆聚奎中学、马鞍山第二十二中学等,高三试验班学生 2015 年的高考成绩较之以往都有了较大提升。重庆聚奎中学自 2012 年开始实验的两个班级,今年第一次参加高考,成绩喜人。三年前江津区前 1 200 名的学生一个也没有,今年高考有 15 名进入区前 50 名。两个试验班级一本上线分别是 47 人和 48 人,是去年的二倍多。马鞍山二十二中,一本达线 24 人(2014 年为 7 人),二本以上达线 75 人(2014 年为 61 人),是市区省示范高中中,唯一一所一本、二本达线人数都增加的学校。

全国还有很多这样的案例,这里不再一一列举。当然,也有老师反映,实验班的学业成绩高于、但不很显著高于常规班。因学生的学业成绩不便于公开,课题组只能调查教师对学生学业成绩变化的说明。华东师范大学慕课中心课题组在对全国高中、初中和小学学段正在实施慕课与翻转课堂教学的 372 名教师的问卷调查**"学生学业成绩的变化"**,选择学生学业成绩"很大提高"的教师有 4 名,有"较大提高"的是 165 名,"没有变化"的是 99 名,"有所下降"的是 15 名,"尚不知道"的是 66 名,如下图 5-2 所示:

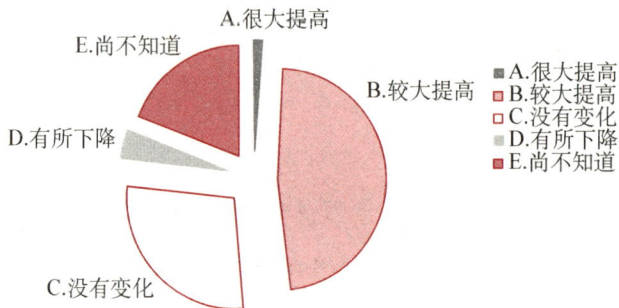

图 5-2 教师对学生学业成绩的变化说明的统计图

二、学生学习过程与方法的改善

学校教育,不仅仅要让学生"学会",也要教会学生"会学"。只有学生会学了,学生才能自主地学、可持续地学,真正让教学从以教师的教为主,转向以学生的学为主,体现学生在学习中的主动性和主体地位。学生一旦"会学"了,"学会"就不会是太大的问题,"乐学"也是可以期待的结果。这也是课程改革对学生学习过程与方法培养尤为重视的目的。本课题组把学生的学习过程与方法这一指标又细分为:学生学习自主性的培养,学习成就感、愉悦感的提升,教师指导是否更具针对性等几个方面。慕课加翻转课堂的教学方式,对学生学习过程与方法的改善的成效,也是主要体现在这几个方面,详述如下:

1. 学习自主性的增强。学习自主性是指学生个体能够根据学习目标的要求,找到自己在知识能力方面的差距,并主动地调整自己的学习策略和努力程度,以达到学习目标的学习动机和行为。学习自主性强的学生,无论是在学校还是以后走向社会,其成长和发展多数都是不错的。而自主性不强的学生,即使非常聪明,其学习和发展也很难得以保障。在常规教学模式下,以教师主讲、学生听讲为主的教学模式下,学生长期处于被"喂养"状态,学生在校、在家的每个时间段都被安排满了,学习比较被动,学习敷衍现象也较严重。学生的自主性没有得到应有的发展。因而,刚开始实施慕课加翻转课堂教学时,学生学习不自觉是老师和家长们最为担心、也是反映最多的问题。

但是我们知道,学生的学习自主性是需要培养的。经过一段时间的慕课加翻转课堂教学实践后,学生自主学习能力的增强,也是老师们非常认同的。对全国 1 745 名高中生、初中生和小学生的问卷调查中**"我能专心学习,不去浏览学习内容以外的网页(如游戏、电影等)"**,对此项表述,866 名学生选择了"完全符合",456 名学生选择了"基本符合",240 名学生选择了"有些符合",116 名学生选择了"基本不符合",65 名学生选择了"完全不符合",如下图 5 - 3 所示:

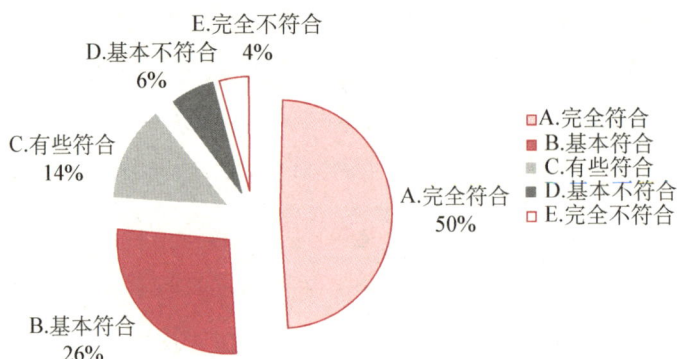

图 5-3 学生能专心在网上学习的统计图

对于题目**"没有父母监督,我也能自觉地学习和完成作业"**,1 179 名学生选择了"完全符合",398 名学生选择了"基本符合",123 名学生选择了"有些符合",26 名学生选择了"基本不符合",14 名学生选择了"完全不符合",如下图 5-4 所示:

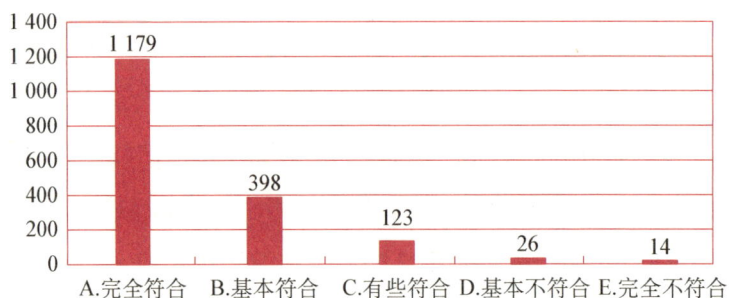

图 5-4 学生能自觉地学习和完成作业的统计图

除此之外,对于**"除了老师布置的学习任务,如有时间,我还会多查找一些相关资料"**,856 名学生选择了"完全符合",424 名学生选择了"基本符合",322 名学生选择了"有些符合",101 名学生选择了"基本不符合",31 名学生选择了"完全不符合"。如下图 5-5 所示:

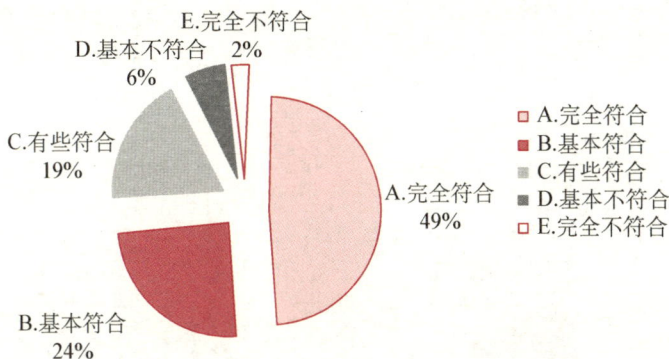

图5-5 "除了老师布置的学习任务，如有时间学生还会多查找一些相关资料统计"图

2. 学习成就感与愉悦感的提升

如前所言，布卢姆认为，决定学生学习效果与学习可持续性的因素主要有两大类：一是学生的认知准备，即通常而言的学习基础；二是学生的情感准备，即学生是否愿意学习新的知识，是否有积极的情感、自信的态度和足够的内动力。只有做好了这两种准备，学习效果才可能会好，学习才具有可持续性。因而，教学过程不仅要关注学生的认知状态，还要关注学生的情感态度和价值趋向。积极愉悦的情感对于保障持续的学习效果有重要价值。[①] 在翻转课堂教学实施的过程中，学生喜欢这样的教学方式，是师生的共同反映。调查过程中发现，期盼上翻转课堂是来自学生的心声。

对于调查题目**"能够与老师同学一起分享我所学，我觉得很有成就感"**的回答中，1 745 名学生，1 024 名学生选择了"完全符合"，414名学生选择了"基本符合"，218 名学生选择了"有些符合"，50 名学生选的是"基本不符合"，还有 33 名学生选择了"完全不符合"，如下图

---

① B. S. 布卢姆等著，邱渊，王钢，夏孝川等译. 教育评价[M]. 上海：华东师范大学出版社，1987：474—475.

5-6 所示。由此看来，尽管绝大多数学生认为课堂学习比较有成就感，还是有少数学生不觉得有成就感，这也是一个需要改善的问题。

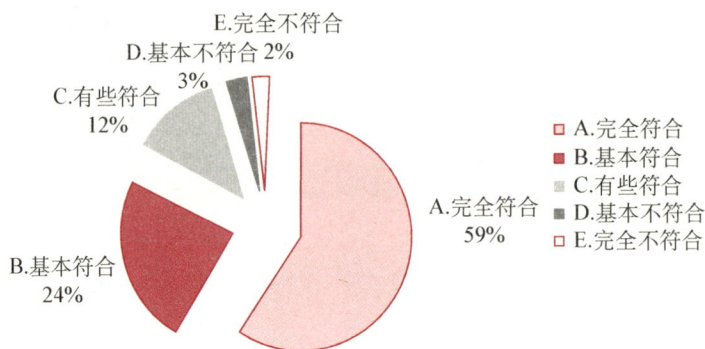

图 5-6　学生觉得很有成就感的统计图

1 745 名学生对于调查题目"**课堂上我很投入，没有时间去想或去做与学习无关的事情**"的回答如下：936 名学生选择了"完全符合"，502 名学生选了"基本符合"，215 名学生选择"有些符合"，60 名学生选择"基本不符合"，26 名学生选择"完全不符合"，如下图 5-7 所示：

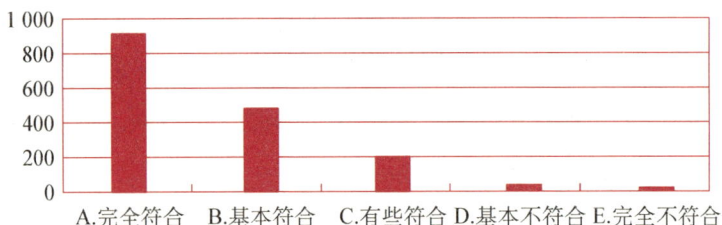

图 5-7　课堂上学生很投入，没有时间去想或去做与学习无关的事情的统计图

在和学生的交谈中发现，因为自学了相关的内容，也有一些疑问和困惑。在翻转后的课堂上，学生有了更多的时间和机会发表观点和看法，也方便学生更好地讨论交流，解决疑难，所以学生很期望上翻转后的课堂。问卷调查也表明了这一事实，在对题目 9"**经过课前**

看视频，做练习，参与互动论坛的学习后，我更加期待课堂"的回答中，1 039 名学生选择"完全符合"，325 名学生选择"基本符合"，227 名学生选择"有些符合"，87 名学生选择"基本不符合"，60 名学生选择"完全不符合"。如下图 5－8 所示：

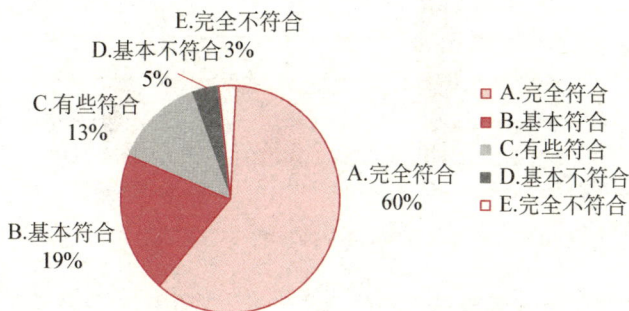

图 5－8 经过课前看视频，做练习，参与互动论坛的学习后，学生更加期待课堂的统计图

对全国 372 名正在实施翻转课堂教学的中小学教师进行了如下调查"学生是否喜欢翻转课堂的教学方式？"，36 名教师选择"非常喜欢"，230 名教师选择"喜欢"，10 人选择"不喜欢"，89 名老师选择"说不清楚"，如下图 5－9 所示：

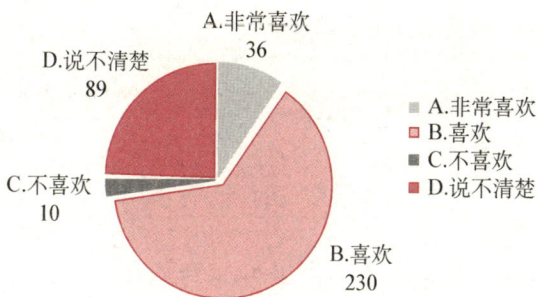

图 5－9 教师对学生是否喜欢翻转课堂教学方式的统计图

在对全国 1 745 名正在上慕课与翻转课堂的初中生和小学生的调

查**"我喜欢当前老师教学的方式"**,1 095 名学生选择了"是",241 名学生选择了"否",还有 376 名学生选择了"说不清楚"。如下图 5 - 10 所示:

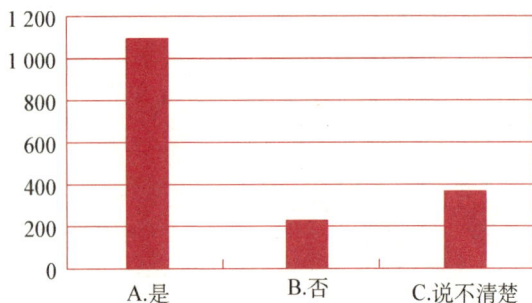

图 5 - 10　学生喜欢老师上翻转课堂教学方式的统计图

在**"我希望老师延续当前的教学方式"**选项中,837 名学生选择了"非常希望",419 名学生选择了"希望",119 人选择"不希望",357 名学生选择了"无所谓",如下图 5 - 11 所示。整体而言,学生还是挺希望老师延续当前的教学方式的。

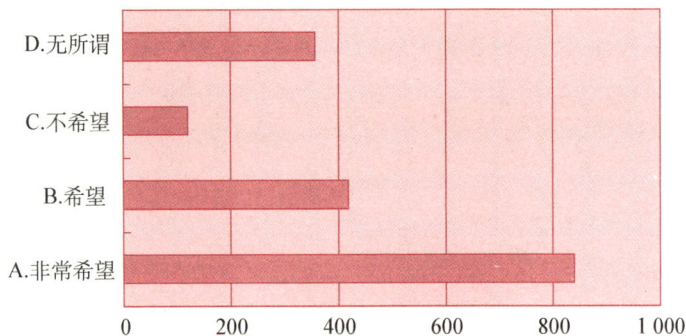

图 5 - 11　学生希望老师延续当前教学方式的统计图

对于在家学习而言,老师们担心,学生刚开始时会觉得视频比较新鲜,愿意看,如果时间长了,学生不会坚持看视频。调查表明,相对于在家做课后练习作业,学生反而更加喜欢看视频、做进阶作业。对于问题**"与以前回家做课后作业的学习方式相比,我更加喜欢课前看**

视频，做练习，参与论坛互动的学习方式"，1 132 名学生选择了"是"，251 名学生选择了"否"，326 名学生选择了"说不清楚"，如下图 5 - 12 所示：

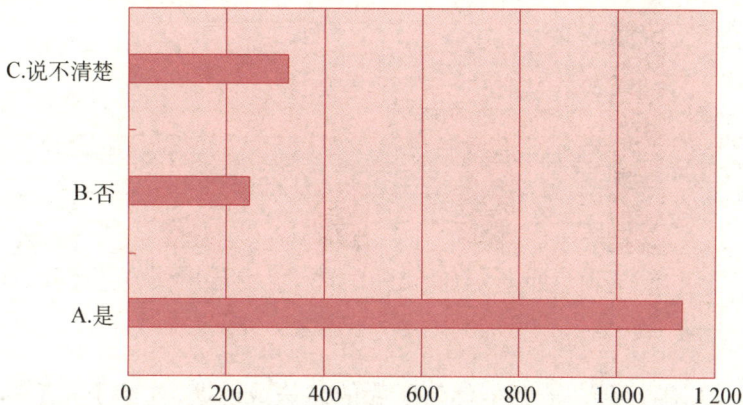

图 5 - 12 "相对于回家做课后作业的学习方式，学生在家更喜欢看视频、做进阶作业"统计图

从上述统计图表可以看出，不管是教师还是学生都认为，学生喜欢上翻转课堂，是基本的事实。学生喜欢课前的视频，喜欢在线互动交流，期盼课堂内有更多交流、研讨、发表意见和建议的机会。学生学习的主动性增强，学习过程的愉悦感、成就感得以提升，这些都是翻转课堂可以持续推进的重要动因。

3. 教师指导更具针对性

西方的翻转课堂实践表明，翻转的课堂上，教师因对学生课前自主学习的信息进行了分析，因而更加掌握学生学习的情况，课堂上教师对学生的指导更具有针对性，师生的交流更加深入。我国的从事翻转课堂教学的实践也证实了这一结论。在从事翻转课堂教学过程中，教师更加了解学生学习中的困惑，能够提供更有针对性的指导。例如在回答**"老师主动了解我个人的学习问题"**时，916 名学生选择"完全符合"，396 名学生选择"基本符合"，237 名学生选择"有些符合",123 名学生选择"基本不符合",62 名学生选择"完全不符合",如下图 5-13 所示：

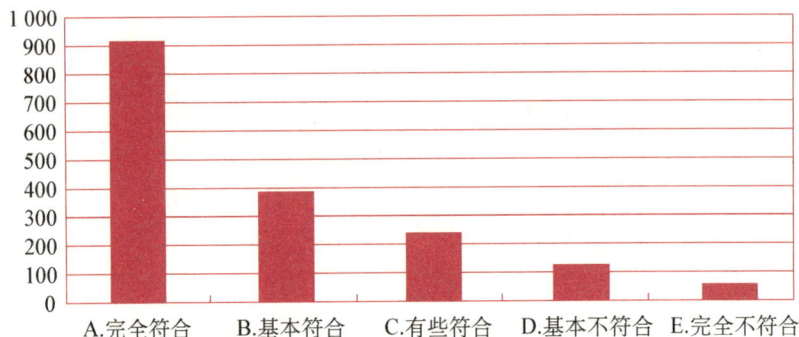

图 5-13　老师主动了解学生个人的学习问题的统计图

在调查题目**"老师能够倾听我的想法或问题,并给予相应的帮助"**,1 142 名学生选择"完全符合",356 名学生选择"基本符合",183 名学生选择"有些符合",36 名学生选择"基本不符合",25 名学生选择"完全不符合",如下表 5-14 所示：

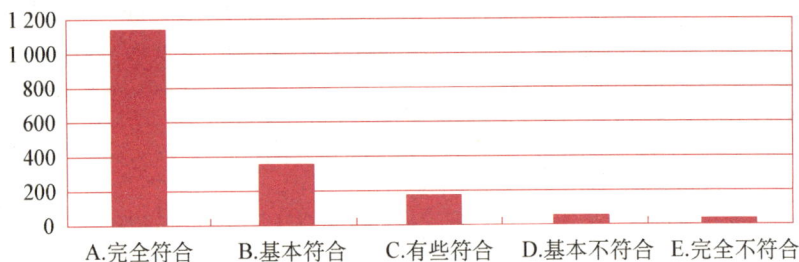

图 5-14　"老师能够倾听学生的想法或问题,并给予相应帮助"的统计图

三、学生综合素质的发展

翻转课堂上,学生课前在教师的指导下自学了基础知识,课堂上

就可以腾出更多的时间解决疑难,发展学生的综合素质,如培养学生的思维能力、动手实践能力、表达能力以及小组合作能力等,本研究的实证调查也证实了这一现象。

1. 学生思维能力的发展

翻转课堂教学过程中,围绕一个学习专题,因学生有了课前自主的学习,有了对事实的基本把握和理解,所以无论是课前的线上交流,还是课堂中面对面的研讨过程中,学生会思考得更深入、更全面,视野和思路更加开阔。随着翻转课堂教学的推进,学生思维的深度、广度,学生的辩证思维能力以及思维的独特性等都会得到不同程度的发展。"学生的问题更多了"、"学生思考得更深入了",是上翻转课堂的老师经常提的现象。

在对选项**"如果对标准答案有怀疑,我会再次去收集信息进行验证"**的回答中,969 名学生选择了"完全符合",521 名学生选择了"基本符合",166 名学生选择了"有些符合",55 名学生选择"基本不符合",26 名学生选择"完全不符合",如下图 5 - 15 所示。这表明学生的独立思考能力和批判性思维能力在逐步发展。

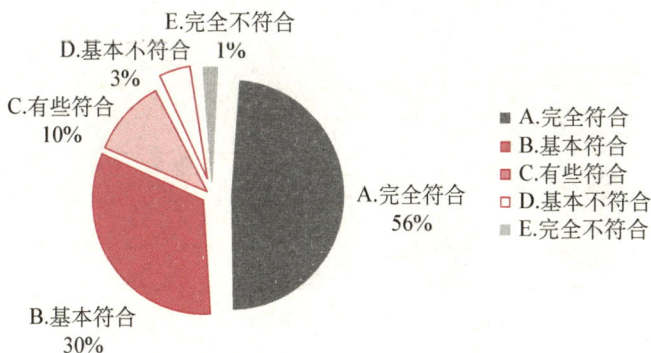

图 5 - 15 "如果对标准答案有怀疑,学生会再次去收集信息进行验证"的统计图

与此相类似,在对题目**"我经常能提出与老师、同学、书本等不同的观点"**的回应时,603 名学生选择了"完全符合",471 名学生选择了"基本符合",445 名学生选择了"有些符合",171 名学生选择了"基本不符合",47 名学生选择了"完全不符合",如下图 5 - 16 所示:

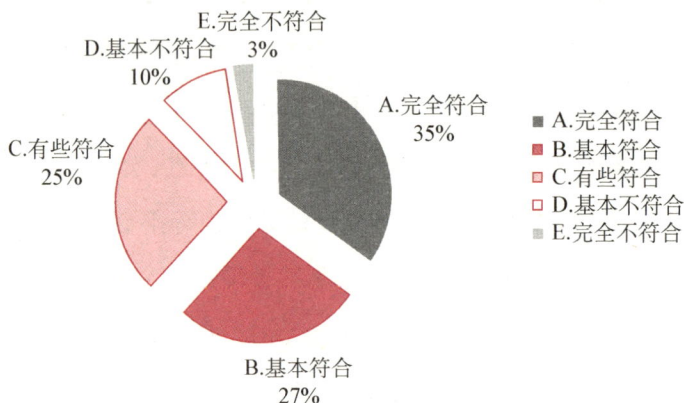

图 5 - 16 "学生经常能提出与老师、同学、书本等不同的观点"的统计图

对于选项**"我能够了解到许多不同的观点,思路更加开阔"**,1 062 名学生选择了"完全符合",419 名学生选择了"基本符合",204 名学生选择了"有些符合",30 名学生了"基本不符合",23 名学生选择了"完全不符合",如下图 5 - 17 所示:

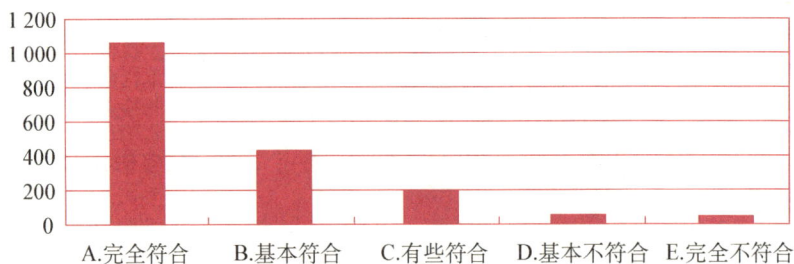

图 5 - 17 "学生能够了解到许多不同的观点,思路更加开阔"的统计图

对于问卷调查中**"我在课堂上能提出更多的问题"**的题目,677 名

学生选择了"完全符合",550名学生选择了"基本符合",355名学生选择了"有些符合",119名学生选择了"基本不符合",48名学生选择了"完全不符合",如下图5-18所示。

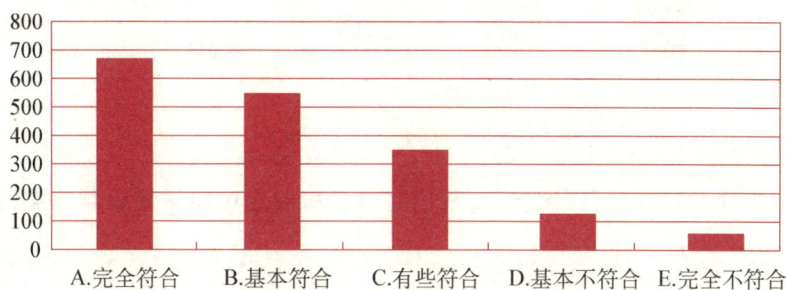

图5-18 学生在课堂上能提出更多的问题的统计图

所以,我们可以初步得出结论,上翻转课堂的绝大多数学生有更多提问的时间和机会,能够提出更多的问题,学生的思维能力能够得到更好地发展。师生、生生的交流研讨更加深入、更具针对性。当然,这对老师提出了更高的要求和新的挑战。

2. 动手实践能力的提升

翻转课堂的教学设计是,基础知识、基本概念在课前通过微视频教学完成,课堂上留出更多的时间,师生一起运用所学知识解决问题,或者是进行更多动手实践和实验,探究创造等。即课前的主要任务是知识的理解,课堂上主要是知识的运用、分析、评价和创造。课题组在对学生进行问卷调查时,曾以科学课为例,对学生动手实践的现状进行了调研。调查的题目是**"科学课上,我动手操作的机会更多了"**,对此题目的回答中,957名学生选择了"完全符合",371名学生选择了"基本符合",242名学生选择"有些符合",97名学生选择"基本不符合",68名学生选择"完全不符合"。如下图5-19所示:

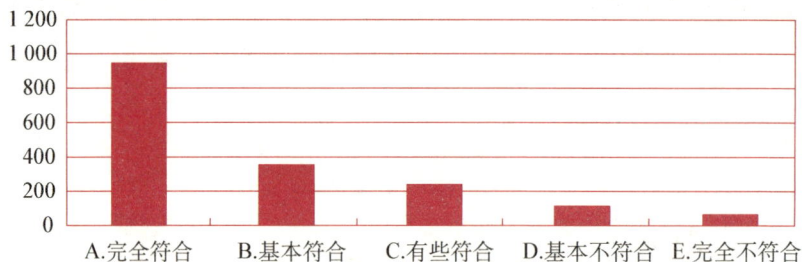

图 5 - 19 "科学课上，学生动手操作的机会更多了"的统计图

对于调查题目"**课堂上，我们有很多机会运用所学知识解决实际问题**"，学生的选择回答如下：选择"完全符合"的有 1 067 名学生，选择"基本符合"的学生是 379 名，选择"有些符合"的学生是 198 名，选择"基本不符合"的学生是 63 名，还有 32 名学生选择了"完全不符合"，如下图 5 - 20 所示：

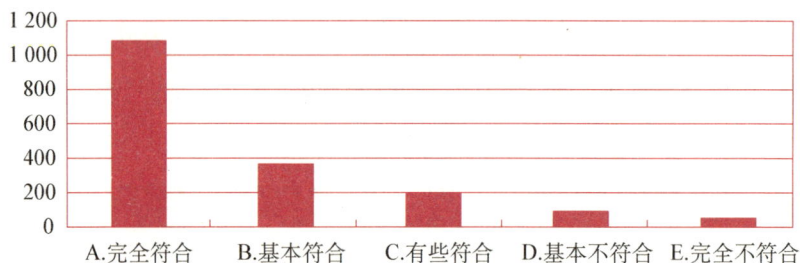

图 5 - 20 学生在课堂上有更多机会运用所学知识解决实际问题的统计图

从以上分析可以看出，翻转后的课堂上，多数学生认为动手实践的机会更多了，应用知识解决实际问题的机会也更多了。在这个过程中，学生的动手实践能力、问题解决能力得以提升。

3. 表达能力，合作能力的增强

翻转课堂中，学生有了更多交流、表达、合作完成学习任务的时间和机会，在夯实知识技能的基础上，学生的口头表达能力、合作能力也在逐步得以培育和发展。实践表明,翻转课堂上,平时一些不大发言的学生也有了发言的机会和自信,学生的改变非常大。在济南的一所学校,自闭症儿童在翻转的课堂也敢于和同学交流了。在对于题目**"翻转课堂的氛围能让我大胆说出我的看法"**,绝大多数学生非常认同,810 名学生选择了"完全符合",474 名学生选择"基本符合",314 名学生选择"有些符合",97 名学生选择"基本不符合",45 名学生选择"完全不符合",如下图 5 – 21 所示:

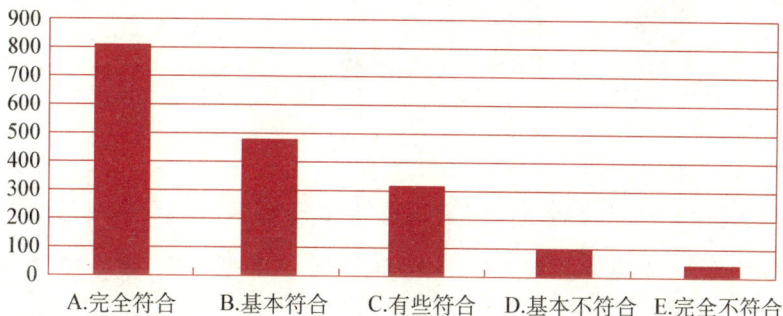

图 5 – 21 翻转课堂的氛围能让学生大胆说出自己看法的统计图

对于题目**"课堂上,我能很清晰地表达自己的观点"**,1 742 名学生中,849 名学生选择了"完全符合",499 名学生选择"基本符合",300 名学生选择"有些符合",68 名学生选择"基本不符合",26 名学生选择"完全不符合",如下图 5 – 22 所示:

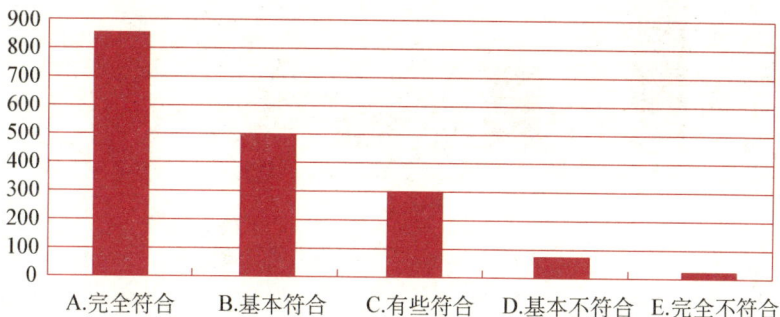

图 5 – 22 课堂上学生能很清晰地表达自己观点的统计图

在和同学交流与合作方面，对于题目**"我能从同学那里寻求学习帮助"**，1 743 名学生中，1 069 人选择了"完全符合"，478 人选择"基本符合"，154 人选择"有些符合"，24 名学生选择"基本不符合"，18 名学生选择"完全不符合"。如下图 5 - 23 所示：

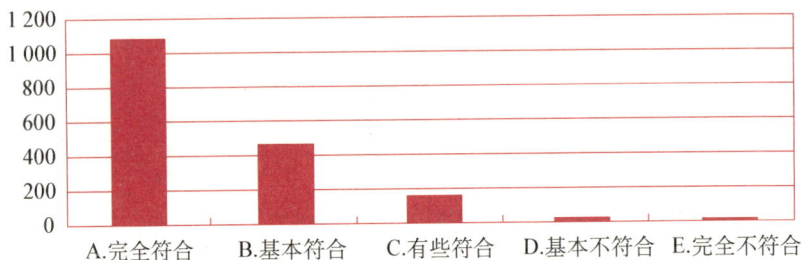

图 5 - 23　学生能从同学那里寻求学习帮助的统计图

无论是线上的交流，还是课堂上的交往，在获得他人帮助的同时，学生也能够积极主动地帮助他人。调查题目**"我会主动热情地帮助遇到学习困难的同学"**，1 742 名学生中，1 000 人选择了"完全符合"，476 人选择"基本符合"，210 人选择"有些符合"，35 人选择"基本不符合"，21 人选择"完全不符合"。如下图 5 - 24 所示：

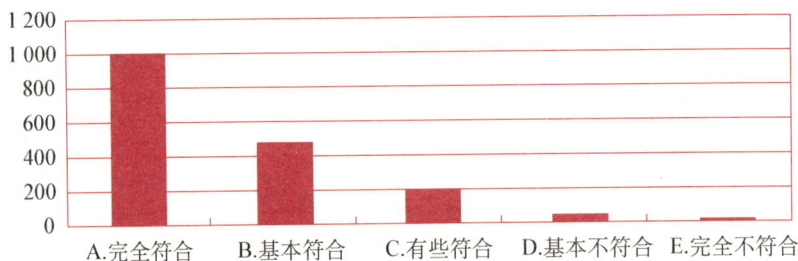

图 5 - 24　学生会主动热情地帮助遇到学习困难的同学的统计图

四、特殊儿童的发展

在慕课与翻转课堂教学过程中,学校还取得了意外的惊喜与收获,那就是普通班级中的特殊儿童在该教学方式中改变很大,这些改变既有学业成绩方面的,更有学生人际交流与沟通方面的。如济南一所小学的自闭症儿童、广东中山一小学的多动症儿童、温州一初中学校的弱智儿童、上海一小学的一个自闭症儿童等等,学生都发生了显著的改变。这样的案例不仅发生在国内,在国外也有这样的案例。尽管是案例,但仔细分析之后,发现其背后是有规律可循的,一方面因为教学微视频提供了多元的学习刺激,微视频有声音、文字、图像、动画等,比单一的教材上的文字更容易刺激特殊儿童的感官,同时教学微视频解放了学生学习的时间和空间,可以让这些孩子在家长的帮助下随时随地学习;另一方面,课堂上有了更多的交流时间,这些孩子因自学了相关知识,在课堂上更有信心发言了,也更有机会与同学和老师交流了。这样的学习方式不仅仅是对特殊儿童的学习有帮助,同样,对传统评价方式下所谓"差生"的学习,亦有同样的帮助和辅导作用。

第二节　慕课加翻转课堂与教师发展

在中小学,教师是慕课建设和翻转课堂的直接实施者。翻转课堂教学对教师的影响主要表现在如下几个方面:

一、教师学科素养和信息素养的提升

问卷调查的结果表明，在实施翻转课堂教学的过程中，大多数教师认为自己的学科素养和信息技术素养都有所提升。

制作教学微视频，首先要求教师系统把握学科的"知识图谱"，一个学年（期）的一门学科有多少个知识点，各知识点之间的相互关系是什么等。只有老师清楚把握这些知识图谱，才能确保教学微视频的制作服务于教学所需。诚如济南文化东路小学的教师王永超所说："课堂教学模式的改变，对自己提出了更高的要求。在制作微视频和备课的同时，要深挖教材，对于本节课的重点难点要做到熟记于心，设计有层次和梯度的练习，尽可能地估计学生可能会出现的问题。"

教师在清楚把握知识图谱的基础上，还需要根据学科知识的特点和所教学生的特点，设计出知识呈现的最优方式，以便学生愿意看、也看得懂教学微视频。诚如杭州十四中的邱锋校长所言，年轻教师在制作教学微视频的过程中，他们会在对一个知识点的相关教学资源充分研究与吸收后，才进行录制，这个过程就是青年教师专业素养提升的过程。

在对全国 372 名正在上慕课与翻转课堂教学的高中、初中和小学教师的问卷调查中，对于**"我的学科素养提升了"**一题，90 名教师选择了"完全符合"，136 名教师选择了"基本符合"，72 名教师选择了"有些符合"，35 名教师选择了"基本不符合"，18 名教师选择了"完全不符合"，21 名教师未对该题做出回答。这说明绝大多数教师认同自己学科素养是提升的。如下图 5 - 25 所示：

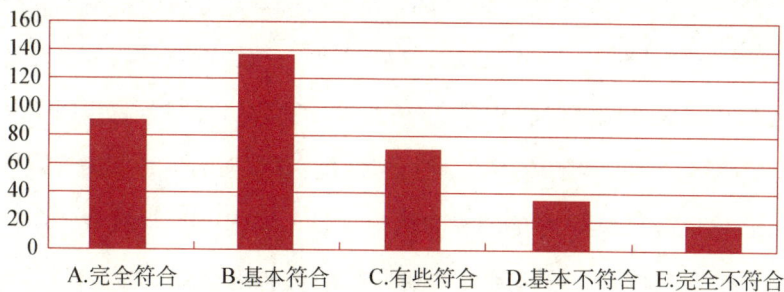

图 5 - 25　教师学科素养提升的统计图

在题目**"我的信息技术素养提升了"**,139 名教师选择了"完全符合",121 名教师选择了"基本符合",46 名教师选择了"有些符合",25 名教师选择了"基本不符合",22 名教师选择了"完全不符合",如下图 5 - 26 所示。这说明在这个过程中,教师信息技术素养的提升也是一大收获。

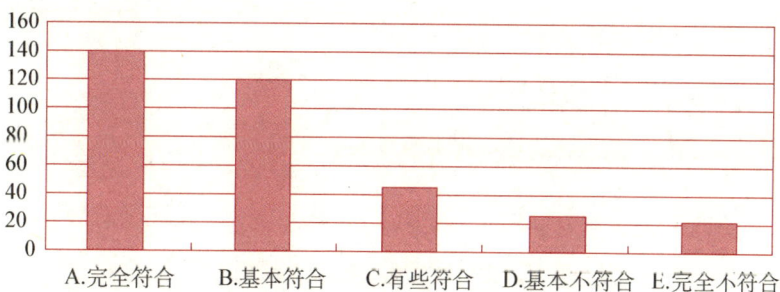

图 5 - 26　教师信息技术素养提升的统计图

二、教师工作更具价值

利用信息技术,在学习平台上,学生通过课前观看微视频,完成进阶作业。通过特定的软件分析系统,教师能够很快把握每一位学生作业完成的情况,尤其是像选择题和填空题这些机械批改的作业,平台能够自动统计分析学生答题情况，大大减少了以往教师用在批改作业方面的时间，解放教师的劳动，深受一线教师欢迎。如有老师谈到，以往没有太多时间和学生进行深度的交流，现在节省出机械批改作业节的时间，可以对学生进行个性化、有意义的指导。微视频资源，也可以减轻教师重复讲解的负担。如深圳南山实验教育集团的一位美术老师教 8 个班，原来一节课要画八遍，现在有了教学视频，上课就轻松多了。

在对教师的调查题目**"我与学生的交流更深入了"**，93 名教师选择了"完全符合"，132 名教师选了"基本符合"，67 名教师选了"有些符合"，36 名教师选了"基本不符合"，21 名教师选择"完全不符合"，如下图 5 - 27 所示。整体而言，在这个过程中，学生与教师的交流更加深入，只有这样，教师才能够对学生进行更好地个性化指导。

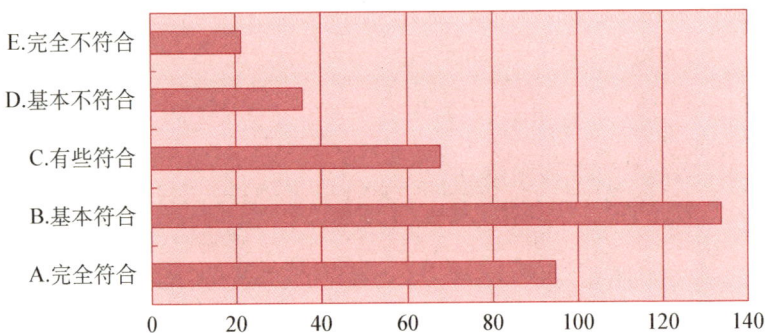

图 5 - 27　教师与学生的交流更深入的统计图

三、课堂管理能力的提升

学生课前先行学习微视频，基本完成对学科知识点的理解和识记。翻转后的课堂上，学生有更多发言和展示的机会，他们会提出许多个性化的、意想不到的问题，把老师当场问倒的情景也不时出现，课堂的生成性更强了。这显然对教师驾驭课堂教学的能力有了更高的要求。

与此同时，每个学生课前学习的基础不同，遇到的困难不同，教师就不能按照以往的模式面向全班统一讲解了，而是需要四周巡视教室，走到学生身边，根据每个（组）学生学习的情况，有针对性地指导和帮助，这也是对教师课堂管理能力的挑战。351 名老师在对**"我的课堂管理能力提升了"**这一题目的回答如下：59 名教师选择了"完全符合"，143 名老师选择了"基本符合"，93 名教师选择"有些符合"，42 名老师选了"基本不符合"，14 名选择"完全不符合"，如下图 5 - 28 所示：

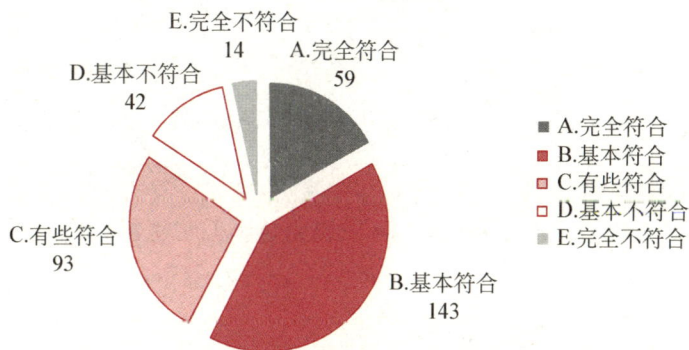

图 5 - 28　教师课堂管理能力提升的统计图

四、教师工作热情的提升

除了上述三项对教师专业发展的促进之外，教师工作热情的增加，也是其中的一个表现，352 名正在实施慕课与翻转课堂教学方式老师对**"我的工作热情提高了"**的回答如下：其中选择"完全符合"的有 58 名老师，"基本符合"的有 146 名老师，"有些符合"的是 95 名老师，"基本不符合"的有 39 名老师，"完全不符合"的有 14 位老师，如下图 5-29 所示。这个数据也可以说明，慕课与翻转课堂这种新的教学形式对于提高教师工作热情的积极作用。

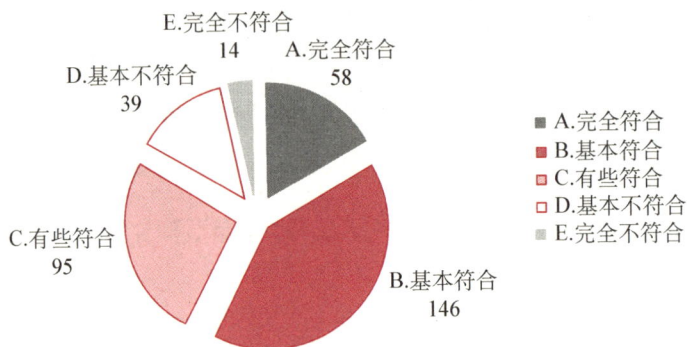

图 5-29　教师工作热情提高的统计图

在**"我今后还愿意继续使用翻转课堂进行教学"**的选项中，226 名老师选择了"是"，11 名教师选择了"否"，133 名老师选择了"看情况"。如下图 5-30 所示：这也可以说明老师们对上翻转课堂的可持续性的积极态度。

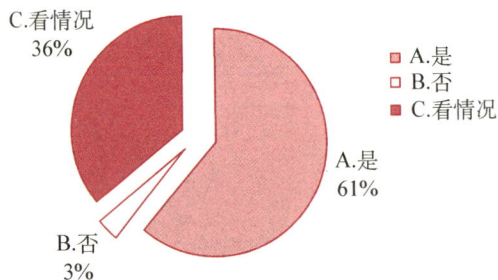

图 5-30　教师今后还愿意继续使用翻转课堂进行教学的统计图

第三节 慕课加翻转课堂的实践困惑

调查结果显示,翻转课堂在我国基础教育领域确实取得了一些成效,但作为新生事物,它在实践与应用中不可避免地会遇到一些困难,主要有如下几个方面:

一、来自教师方面的困惑

1. 微视频制作比较困难,质量不高

教学微视频对学生课前学习质量有重要影响,制作高质量的教学微视频不仅要求教师有一定的信息技术素养,更要求教师具备深厚的学科素养,并能够根据学生学习的特点以恰当的形式呈现出来。因而,当前对于一线老师而言,制作出教学视频比较容易,而制作出高质量的教学视频也并非易事。根据**"我认为制作教学微视频,____**

"的调查结果,211 教师参与调查,有 4%认为"很难",69%认为"有点难",只有 23%认为不难。如下图 5 - 31 所示。

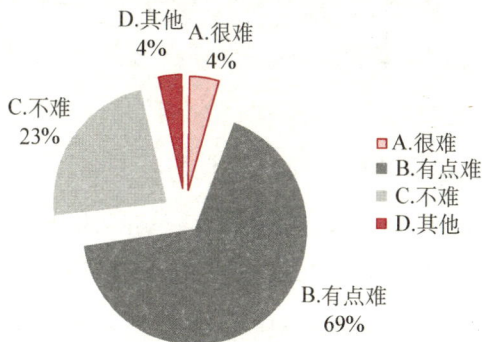

图 5 - 31 教学微视频制作难度调查

对**"我在翻转课堂教学中遇到比较大的困难是_____〔选两项〕"**的回答,有近一半的教师(92 位)回答是"微视频不好做"。此外,也有不少学生反映微视频质量不高,如"微视频可以更加精悍一些"、"微视频的制作可以更加详细完善"、"视频有些枯燥"、"视频质量较差"、"微视频声音太小(不是电脑问题)"、"要说话标准些"等等。通过数据,我们可以得知,教学微视频的制作确实给教师带来了较大的困难,教师制作的微视频质量仍有待提高。

2. 课前准备时间过长

在和实施翻转课堂的老师接触过程中,常会听到这样的抱怨:"课前既要制作微视频,又要设计课堂教学,准备时间太长,耗费精力太大"、"既要把微视频发送给学生,搜集学生进阶作业情况,了解学生学习情况,还要制定课堂教学策略,准备时间太长,有时还未能达到预期效果"等等。通过问卷调查,也再次反映了教师们的这一状况,对**"我在翻转课堂教学中遇到比较大的困难是_____〔选两项〕"**这一问题的回答中,近 90％的教师(189 位)选择了"课前准备时间太长"。可见,教师课前准备时间太长无疑是翻转课堂在基础教育领域推进中遇到的一大难题。

3. 课堂难以控制与管理

翻转课堂中,教师需要以新型角色融入课堂,从讲台上走下来,成为学生身边的指导者和促进者,这使得教师一时间难以适应新型课堂,造成课堂的难以把控和管理上的困难。根据**"我在翻转课堂教学中遇到比较大的困难是_____〔选两项〕"**题目的调查结果显示,有近 1/4 的教师(44 位)认为"课堂很难控制和管理"是翻转课堂中遇到的比较大的困难。一些学生认为课堂还需要加以改进,如"老师这种上课方式还有待改进,上课还需有讲解"、"希望给更多自学机会"、

"很容易上成作业课"、"强化学习时间管理,让学生也了解教师的预期课程进度"、"可以控制讨论时间"等等。与此同时,翻转课堂需要信息技术的支撑,有时网络或者硬件设备出问题会造成课堂的混乱。

4. 教师教学准备的工作量加大

教师要扮演多重角色,不仅要进行正常的课堂教学,还要录制教学视频、进行在线辅导与交流、动态评价,这些也让教师觉得负担挺重的。如"历史课堂教学内容容量较大,知识点较多(二至三个),在有限的课堂时间内能否全部落实,感到困惑,或说难度较大"、"制作视频带来工作量较大"等等。

确实,在目前刚刚开始尝试的情况下,微视频制作、课前备课时间长、课堂教学设计与管理等增加了教师的工作量,但这不会是常态。随着该教学模式的日益推进,随着网上优质教学视频越来越多,学习平台越来越便捷等,我们相信信息技术支撑下的翻转课堂能够减轻教师无意义的劳动,解放教师的工作时间,提升教师的工作价值。

二、来自学生方面的困难

1. 学习自主性有待提高

调查显示,绝大部分学生能够专心学习、不去浏览学习内容以外的网页(如游戏、电影等),但是也有部分学生(10%)承认自己的控制力不够,如"平板系统有时会出现漏洞,导致一些同学上课在平板上玩游戏"、"有些同学借平板玩游戏"、"反对翻转课堂,对爱玩游戏的年龄不适合"、"自我控制力要加强"、"效果不佳,只适应学习自觉性好的同学"等等。根据对教师的调查发现,有 47.9%的教师(101 位)认为"学生自控力较差"是翻转课堂教学出现的较大问题。由此可见,学生自控能力确实是翻转课堂实施的又一难题。

当然,我们也认为,对学生自主性的培养,本身就是教育也是翻转课堂教学的重要任务。这在已经实施慕课加翻转课堂教学的学校里,得到了很好的体现。

2. 合作学习有待深入

小组合作在翻转课堂教学中是一种常用的教学方式。针对思考性强的问题,学生通过小组合作找到问题的答案,集中众人的智慧共同解决,是一理想选择,在这个过程中学生的团队合作能力也得以培育。无疑,小组合作学习是翻转课堂教学的一大法宝,小组合作学习的效果在一定程度上决定了翻转课堂的成败。

在翻转课堂的小组合作学习环节,有时并不像所预设的那么完美。仔细观察,不难发现其中存在的一些问题,比如合作讨论目的不明确、学生合作不主动、讨论不够深入、讨论时间固化等,这些问题集中体现为小组合作学习不深入。一些开展翻转课堂教学的教师在实践中也遇到了类似问题,比如"有些学生不参与讨论,自己在那里看书"、"有的小组讨论的主题和教师提出的问题不一致"、"小组成员不知道要做什么,就是一直讨论,没有记录,没有整理……"等等。

因而,加强对小组合作学习的管理,让小组合作真正有效,也是翻转课堂教学面临的挑战之一。

三、来自其他方面的困难

1. 学习平台不便捷

网络学习平台是教师的得力助手,能够帮助教师自动批阅学生提交的作业,自动提供作业分析报告,及时跟踪学生的线上交流等。

但实现这些功能的前提是要开发出一个相对便捷的网络学习平台。据教师反映，目前完善、便捷的学习平台比较匮乏。如调查问卷中教师反映到："主要问题之一就是学生自学平台欠佳"、"学习平台很多功能不能实现"、"学习平台的功能不是自己想要的"、"学生必须有相应的平板电脑，否则，就没有真正的翻转"等等。据笔者了解得知，很多学校的学习平台都是与一些公司合作开发的，除少数学校外，学习平台还需要进一步便捷化，让教师用起来方便快捷。

2. 网上优质视频资源不足

不少老师提及，制作教学视频的压力挺大，而网上优质教学视频还不够多。如果网上有足够多的优质教学视频，教师直接从网上下载即可，会大大减轻教师制作微视频的压力。

3. 新的评价体系有待建立

传统教学模式对学生的评价，基本上是单纯地依据纸笔测试，有时会加入对平时表现的测评。但这种传统的评价方式无法检验和反映学生在翻转课堂各个环节的表现和学习效果。在课前的学习过程中，学生学习的态度、进度和掌握情况等都是要考虑的因素，需要结合学习平台的相关记录来评判；在课堂上，学生的作业完成情况、课堂活动的参与表现等，都需要设计合理的能涵盖方方面面的评价方式。并且，这种评价不能完全由教师一人完成，学生本人、同伴和家长可能都需要参与进来[1]。所以，翻转课堂要求有与之配套的多角度、多方式的评价体系。很遗憾的是，据笔者所知，目前国内众多中小学校尚未开发出完善的与之相配套的评价体系。

---

[1] 秦建华，何高大. 翻转课堂：理据、优势和挑战[J]. 现代中小学教育，2014(5)：17—20.

四、改善的思路和建议

为更好地提升学校人才培养质量,促进学生综合素质发展和拔尖创新人才培养,基础教育领域在慕课和翻转课堂实践过程中,需在以下几个方面进一步努力和改善:

(一)短期内需做出的努力和改变

1. 共建共享优质在线资源。如前所言,教师、学生可利用的网上优质资源不多,这成为制约学生在线学习的一个不利因素。要进一步丰富网上优质教学资源,教育研究人员、中小学优秀学科教师、信息技术人员或者是信息技术公司的人员,应共建共享优质教育资源,尽快减轻教师在学习资源准备方面的负担,给学生学习提供更多选择。

目前,华东师大慕课中心和全国的 C20 慕课联盟学校正在共建覆盖基础教育各学科知识点的慕课。预计于 2015 年 11 月份,C20 慕课联盟网站上将会呈现基于课程标准的各学科知识点的慕课资源。还有一些优质特色的慕课资源,如中小学德育课程、中学生领导力课程等。这些资源供全国乃至全球的学习者免费共享。

2. 改善网络环境、学习平台、移动终端。目前,网络环境不顺畅,学习平台不便捷,有些学生还没有移动智能终端等,是在线学习的制约性条件。为学生在线学习搭建顺畅的无线网络环境,为学生提供移动终端或允许学生自带移动终端,以优化学习平台的功能,并为贫困家庭孩子提供一定的资助等。经过多方共同努力,这一问题也是可以很快解决的。

当前,C20 慕课联盟已开发出了较为便捷稳定的学习管理平台,不少学校的师生正在使用,教师在平台上备课,学生在平台上学习,及时获得学习反馈和指导。它极大地方便了师生的教与学活动,提升了教学效率,为改善课堂教学效益做出了重要支持。

3. 通过培训和交流,转变校长及教师的观念。校长、教师的观念是促进变革的内因。目前,多数中小学校长和教师认识到了信息技术背景下教与学变革的重要性和紧迫性,也仍有部分校长和教师没有意识到。国务院副总理刘延东于 2012 年在《全国教育信息化工作电视电话会议的讲话》中指出"谁在信息化潮流中落伍,谁就会被时代所淘汰"。通过培训和交流,转变校长和教师观念,也是当前的一项重要任务。

(二) 中长期内需要做出的努力和改变

为更好地实施慕课加翻转课堂教学,如下制度需要进行相应改变:

1. 教学管理制度的改变。网络学习环境,拓展了教学的时间和空间。在教师的指导下,学生随时随地都可以自学。基础知识的学习可以在课前、在家里学,这样一来,课堂上的教学时间就不一定是40 分钟或者 45 分钟了,一天也不一定要上 8 节课了。翻转后的课堂,有的教学任务 20 分钟就可以完成,而有的可能需要 1 个小时。这样,教学制度就要有相应的调整,学校、教师根据实际教学任务的需要来决定上课时间。

与此同时,信息技术支撑的慕课加翻转课堂教学,是为了改善班级授课制背景下学生个性化学习的问题,为了更好地满足学生个性化学习的需要,在教学管理平台的帮助下,让学生及时分层、及时走班,具有共同兴趣爱好、学习程度相似的学生分成一班或者是一组,配上专门的老师做辅导,是理想的教学安排。而这同样需要教学管理制度和课堂环境的改变。根据可汗的预测,未来的教室内,一个班级可以有 100 个学生,根据不同的学习需求,学生分成 4—5 组,一个主讲教师,2—3 位辅导老师,是比较理想的课堂教学。[①] 教学管理制度的改变、课堂布局的改变,最终会导致学校形态的改变。无论我们是否愿意,这都是信息技术背景下学校发展的必然趋势。

2. 教学评价重心的转移。当前的纸笔测试为主的教学评价,比较有利于评价学生的记忆和理解能力的发展,不利于评价学生的应用、评价和创造能力以及动手实践能力的发展。在信息技术的支撑下,让教学评价从知识本位走向综合素质本位,从重视结果走向过程结果并重,从重视对学生的分等转向重视对学生学习的诊断,从"一把尺子"对学生整体的评价逐步走向多元标准的面向个体的评价[②]。对教师的评价,从重视显性的学生成绩转向重视真正的过程育人,从重视劳动的时间量到重视劳动的成效,进而解放教师的工作、减轻教师工作的负担。这是一个较为长期的转变,但又是必须进行的改变。评价模式改变了,教学方式的改变会更加顺畅。

当前,华东师范大学考试与评价研究院正在和各地的地市教育局一起开发学生在线学习的学情分析系统,充分利用学生网上学习产生的数据,分析每一位学生学习的特点,学生在线学习取得的成绩、遇到的困难,产生学习困难的原因,并给予及时的补救和辅导等。这些功能都在学情分析系统中自动实现。切实做到让评价更加重视学习过程而非仅仅是结果,更加注重评价的诊断性功能而非仅仅是

---

① 萨尔曼·可汗著,刘婧译. 翻转课堂的可汗学院[M]. 浙江人民出版社,2014:154—155.
② 陈玉琨. 数字化时代的校本评价[N]. 中国教育报,2015-06-25.

总结性功能,更加面向学生个体而不仅仅是全体。

3. 教师角色的转变和能力提升。实施慕课和翻转课堂教学,对教师的角色和能力有了新的要求,从以重视教为主转向重视学生的学为主,从传道授业为主转向传道授业和答疑解难并重,教学过程中既要考虑学生整体教学目标的达成,又要关注个体化学习需求的满足,这些要求在信息技术背景下的教学过程中显得更为突出。因而,教师的信息技术素养、学科素养、学生素养和管理素养等都需要持续提升,这是教师专业发展永恒的任务。

第四节　反思与讨论

总体而言,随着当今社会信息化程度的提升,借助信息技术改善人才培养模式,提升教育公平与人才培养质量,受到了不少教育研究者和教育实践者的高度关注。慕课加翻转课堂,就是在这一背景下应运而生的一种教学模式,学生课前在教师的指导下通过慕课或其他形式的学习,自学基础知识点;课堂上师生、生生一起完成作业,解决疑难,动手实践,创造探究。国内基础教育阶段不少教师对此形式热情很高,慕课加翻转课堂实施的时间虽然不长,却也显示出了比较积极的成效,如学生学业水平有所提升,学习过程与方法得以改善,综合素质能够更好地发展。慕课加翻转课堂的教学模式,对教师提出了更高的要求,对课堂教学提出了更高的要求。教师在这一变革的过程中,无论是自身的学科素养和信息技术素养,还是课堂管理能力等都主动或被动地得以提升。

当然，面对这一新生事物，在实施过程中，不少教师和家长也存在不少疑虑，诸如学生课前看视频是否具有可持续性，视频学习能否保障良好的成效，学生的学习负担是否加重，是否会影响学生视力，如何看待慕课加翻转课堂的教学模式与传统教学模式的关系等。这里简述其中的几个：

一、学生自学视频可持续性的问题

有的老师可能会认为，上翻转课堂，刚开始时，学生会对微视频这种学习形式感到很新鲜，会很有兴趣看，但也担心，时间长了，学生是否会厌烦，不愿意看视频，课堂无法按照翻转的思路来上。其实，一方面我们认为这是一个伪问题。正如在当前的教学模式下，教师每天都会布置作业让学生回家完成，学生会天天感兴趣吗？也未必。但是作为整个教学过程的一部分，教师只要布置了，学生总会尽力配合来完成。翻转课堂教学中看视频的课前自学也是一样，它是教学过程的组成部分，教师、学生适应了这种模式，那就像完成作业一样，即使不是太感兴趣，也是非学不可的。所以，只要教师有办法能够让学生完成课后的练习作业，就会有办法让学生坚持看教学视频。另一方面，我们认为，学生是否持续能够看视频，和教师制作的视频质量的高低也有一定的关系，生动形象、讲解清晰的视频学生是喜欢看的。如果视频质量不高，有杂音噪音干扰，字迹图片也不清晰，学生也难以坚持看下去。

调查发现，与以前回家做课后作业的学习方式相比，学生更喜欢课前看视频、做练习、参与论坛互动的学习方式。对于题目"**与以前回家做课后作业的学习方式相比，我更喜欢课前看视频、做练习、参**

与论坛互动的学习方式（ 　 ） **A. 是；B. 否；C. 说不清楚"**，1 709 名学生中，选择 A 的有 1 132 名，选择 B 的是 251 名，选择 C 的是 326 名，如下图 5 - 32 所示。这表明，多数学生宁愿在家里看视频学习新知，而不是做练习作业。毕竟，和学习新知相比，做作业是更加复杂的脑力劳动，学生在完成作业时也有一定的心理负担。

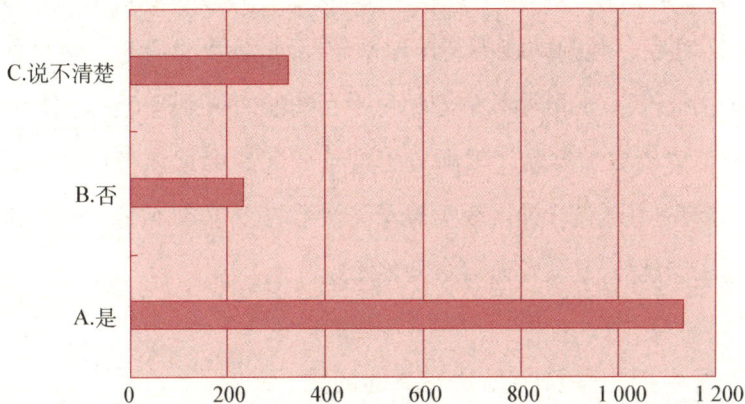

图 5 - 32 "与以前回家做课后作业的学习方式相比，学生更喜欢课前看视频、做练习、参与论坛互动的学习方式"的情况统计图

二、是否会增加教师负担的问题

从教师的角度而言，教师是慕课与翻转课堂教学的直接实施者，在推进的初期，曾出现了教师课前备课任务加重，教学视频制作操作不熟练，难以驾驭翻转后的课堂教学的情况。尤其是刚刚开始时的课前备课任务重的现象，不管是教师的问卷还是教师访谈，都对此有所体现。在教师的问卷调查**"我在翻转课堂教学中遇到比较大的困难是＿＿＿＿（选两项） A. 课堂很难控制和管理；B. 课前准备时间过长；C. 教学目标不易实现；D. 微视频不好做；E. 没什么困难；**

175

F. 其他_____"选择 A 的占 19％；选择 B 的占 88％；选择 C 的有 21％；选择 D 的有 47％；选择 E 的为 1％；选择 F 的为 0％。

看来，课前准备时间过长是刚开始推进翻转课堂时教师无法逃避的一个问题。就这个问题来看，改革初期，尝试一项新的实践，付出较多的时间似乎是必然的。但是要看这样的改革是不是有价值的，有意义的。并且，随着实践的推进，这些问题和困难会逐步得以解决和缓解。教师的视频制作越来越熟练，网上也有越来越多的视频可供选择。与此同时，随着学习平台功能的越来越完善，教师及时把握学情也更加容易。教师负担过重的问题会逐渐得以解决。当然，如何更好地设计课前教学与课堂教学的任务，如何应对学生学习的需求和挑战，是教师面临的恒久任务。

三、学生视力是否会受到影响的问题

在当前的情况下，中小学生的视力问题已经不容乐观，老师和家长担心，如果把平板电脑交给学生使用，长时间对着屏幕学习，会不会再对视力带来不好的影响。这种心情是非常容易理解的。应该说，截至目前，还没有切实的实证性的跟踪研究来证实或证伪，学生对着屏幕时间长了会不会影响视力以及怎样影响等。当然，在还没有这样的研究或发现的情况下，我们宁愿信其有，不可信其无。在这种假设下，在笔者看来，确实应该对孩子看屏幕的时间、看屏幕的姿势等进行相应的控制和引导。控制孩子看视频的时间，比如一次不要超过 30 分钟，到了 30 分钟，就要休息一会儿，做点其他的事情，一天看屏幕的时间不超过几次等；而不是不让孩子接触数字化产品。作为成年人的我们都有体会，如果为了避免看屏幕影响学生视力、乃

至为了减少看屏幕带来的其他不良影响,那么,不让孩子接触电脑、平板或手机,是最简单有效的办法,但是这显然不是理性的选择。如果这样做,就像西方谚语中所言"把孩子和洗澡水一起倒掉了",避免负面影响的同时也牺牲了孩子发展的一些机会。这里有个不太恰当的类比,在印刷术的时代,我们都认为,看书时间长了会影响视力,但是在印刷术的时代,学生乃至成年人不看书,显然是不行的。同样,未来社会是一个数字化、信息化社会,在这样的社会中,对着屏幕学习和工作将是人类社会的新常态,这是必然的现象,这是不得不接受的社会现实。在这种背景下,如果不让今天的孩子接触这些数字化产品,也是对孩子的未来不负责任。此外,即使不让学生看平板电脑,孩子们看电视时间长了是不是也可能会影响视力?所以,重要的问题是要加强对孩子看屏幕时间以及看屏幕姿势的管理,而不是不让学生看屏幕,不让孩子接触数字化产品。

四、翻转课堂教学模式与传统教学模式的关系问题

慕课加翻转课堂的教学模式,是借助于信息技术带来的便利条件,改善班级授课制背景下学生的个性化学习问题、提升课堂教学效益的有益尝试。翻转课堂如果上得好,将是一种非常高效的教学模式,她的优势和成效已在不少学校的教学实践中有所体现。但是,与此同时,我们也认为,翻转课堂教学不是唯一的教学模式,她并不能解决教学中存在的所有问题。传统的课堂教学模式在长期的发展中也显示出了很多教与学的优势。在相当长的时期内,翻转课堂教学不会全部取代传统的课堂教学模式,即课堂上老师讲授为主的教学模式。一方面,就全国范围内而言,教育信息化的程度是不一的,因

而该教学模式在教学实践中的应用程度也是不一的,有的地方实施得早一些,有的地方实施得晚一些,这些都属正常现象。另一方面,就目前的实践来看,不是所有学科的所有内容都适合上慕课加翻转课堂教学的模式,也不是每一节课都要上翻转课堂的形式。无论哪一门学科,有的知识点的教学适合上传统的教学模式,有的知识点的教学更加适合采用慕课加翻转课堂教学的形式。所以,翻转课堂教学模式和传统的教学模式会长期并存。如果说传统教学模式和翻转课堂教学模式分别处于一个序列的两端的话,那么处于这两端中间会有多种教学方式。这就需要老师根据教学内容、学生学情、学校条件等情况,决定采用哪一种教学方式。长远来看,随着信息技术在教育领域应用的逐步成熟和深入,越来越多的学习内容会转化成在线学习的形式,更多的课将被上成翻转课堂教学的形式。

慕课加翻转课堂与教师综合素质提升

我不知道你是谁，我却知道你为了谁

——《为了谁》歌词

信息技术背景下，实施慕课和翻转课堂教学，是不是不需要教师了？还是降低了对任课教师的要求，抑或提升了对任课教师的要求？

不论何种模式、何种形态的教育教学，要取得预期的、理想的成效，教师都是最为关键的因素。信息技术背景下的慕课和翻转课堂教学也不例外，课前微课的学习重在知识的理解和识记，而翻转后的课堂教学任务，从以往注重知识的识记和理解转向了注重知识的应用、分析、评价与创造等，更注重学生综合素质的培养。显然这对教师提出了更高的要求，教师的学科素养、教育教学素养、信息技术素养及教育智慧和艺术等共同决定了翻转课堂教学的质量和效益。

当然，相对于传统的课堂教学，翻转课堂教学模式下，教师的角色以及发挥作用的形式有所不同。所以，刚开始实施慕课和翻转课堂教学时，不少教师还有些许不适应，还存在很多疑问和困惑，有着诸多的心理压力和负担，实施中也有不少的问题和困难需要解决。接下来笔者将对这些困难和问题进行逐一分析。

一、翻转课堂实施中教师的困惑与应对

在翻转课堂实践过程中，一线教师困惑较多的几个问题是：如何处理视频教学与课堂教学的关系，如何看待和使用多种教学方式，如

何管理翻转后的课堂，如何评价翻转课堂的成效等。

（一）微课教学与翻转课堂二者的优势互补

进行微课教学和翻转后的课堂教学，是实施翻转课堂教学的两个重要环节。实践中，有教师会问，对于知识点，微视频上都讲得很清楚了，课堂上还教什么？如何处理微视频教学和翻转后课堂教学的关系，就成了实施翻转课堂改革的关键。

其实，视频教学和翻转后的课堂教学各有自身的优势与局限，微视频的教学讲解可以高效地传递知识，是学生个人自主学习的过程；而课堂上师生、生生面对面的讨论和交流，则更有利于思维的深化与拓展、情感的沟通与体验的丰富等。如前所述，安德森的学习认知目标分类体系为处理视频教学和翻转后的课堂教学提供了重要理论依据。认知目标分类底端的教学如知识的"记忆和理解"的教学，采用微视频的讲解教学比较恰当；而高层次认知目标的学习，如知识的"运用、分析、评价和创造"等，则需要在翻转后的课堂教学中通过师生、生生的讨论与交流来完成，两者是优势互补的关系。翻转课堂的早期使用者，美国林地公园高中的伯格曼对此深为认同。[①]

所以，进行翻转课堂教学时，教师需谨记，微视频教学不是课堂教学的压缩版，翻转后的课堂教学也不是微视频教学的放大版，两者是优势互补的关系，而不是相互替代和相互重复的关系，这是上翻转课堂教学的老师需要注意的。

---

① David Raths. Nine Video Tips for a Better Flipped Classroom. T. H. E. Journal. February 2014: 15 - 22.

（二）课堂上"有序"与"散乱"的辩证分析

在传统的课堂上，教师讲授、学生听讲、课堂练习，依规前行，课堂上秩序井然，该讨论时讨论、该写作业时写作业，这也是不少国外教育同行对国内教育的羡慕之处。然而，在翻转后的课堂上，不少教师反映，相对于以往的课堂，学生问题特别多，特别爱发言，非常活跃，教师难以控制课堂教学的节奏。甚至有的学生在做题，有的学生需要做实验，有的小组需要讨论交流，课堂上显得"散乱"。所以，在采用翻转课堂教学模式的公开课上，学生自由交流和发言的环节会被有意控制，以便不那么"乱"。看来，课堂上的"有序"与"散乱"也成了教师的一个纠结所在。

"散乱"与"有序"，是课堂表现出来的状态，究竟孰好孰坏，孰优孰劣，要从学生学习是否真正发生，学生是否学会了、是否会学了的角度来判断，而不是课堂的表象。如果有序的课堂里所发生的一切均按照老师规定的节奏行事，也不乏一批学生配合协助，其他学生要么处于旁观的状态，要么根本就不在教师预定的学习节奏上。这样的课堂，尽管一切都很有序，教室内也安静，但很难说是好的课堂。这样的课堂内，往往那些能够发言的同学容易达到教学目标，而没有发言的同学很可能就达不到教学的目标。遗憾的是，在这样的课堂上，达不到目标的同学会占据较大的比例。

反之，在翻转后显得"散乱"的课堂上，如果每个学生都在按照自己的节奏积极投入学习：不懂时求助老师或同学，有时也给学习困难者以辅导和讲解；遇到新问题时随时发问；有了新的发现，和全班或小组内同学分享；也有的学生可能会走到讲台前或者他人的桌前，进行讲解或请教等。这个过程中可能会有些散乱，但如果这些活动都是在教学目标规定范围内的学习，是在教师的主导下进行的，这样的课堂同样是高效的。这恰是理想的翻转后的课堂教学应有的状态，尽可能满足不同学生学习的个性化需求。

所以，"散乱"与"有序"的表象并不是判断课堂效益的主要标准，而学生是否真正在学习，是否在主动积极地学习，是否绝大多数学生达到了课堂教学目标的要求，才是判断课堂教学是否高效的准则。当然，"乱而不散"、"有序活跃"，是高效课堂的指向与追求。而美国林地公园高中的实践则表明：翻转课堂有利于改善教室内的管理，如有教师所言："课堂上，学生们要么在动手实践，要么在小组内活动，都有事情做，没有溜神的，因而翻转课堂改善了教室管理。"①

（三）多种教学方法的传承与创新

不少实施翻转课堂教学的教师在困惑，传统课堂中有效的教学方式该如何对待，如何使用等。需着重说明的是，只要有利于改善课堂教学的效益，有利于提升学生的学习质量，翻转课堂不拒绝任何有效的教学方式和策略。当前中小学实施翻转课堂的实践也表明，翻转课堂如果配有学习指导单或者"导学案"等，更有利于学生有针对性地学习和练习；小组合作学习，也是提高翻转课堂教学质量的重要方法。课堂结束前的5—10分钟，教师发放具有当堂检测功能的作业单或者"小试卷"，让学生及时完成，也被认为是夯实学生学习基础的有效方式。因而，实施翻转课堂教学，目的是为了让教学从教师的教为主转向学生的学为主；让学生的学从被动的学转向更加主动的学。只要便于达成此目的，教学方法可以多样，教学模式也不必拘泥于

---

① Jonathan Bergmann & Aaron Sams. Flip your Classroom: reach every student in every class every day. ISTE ASCD. 2012. p. 29.

一隅。

与此同时,各个地区和学校在推进翻转课堂过程中,面临着不同的环境与条件。有的学校条件较好,师生人手一台移动智能终端,并有学习平台和无线 WIFI 的支持,比较容易实现"视频翻转",即借助于课前视频学习与在线交流来实现课堂教学的翻转。在实施"视频翻转"时,有的走读制学校让学生在家里看视频,也有寄宿制学校组织学生在教室内或者图书馆内看视频等。当然,也有的地区或学校并不具备上述条件,但同样可以实施翻转课堂教学,比如借助于导学案,在学生先学的基础上进行课堂翻转,也即是通常所言的"文本翻转"。因而,不同的学校、不同的教师,需结合自身的条件,灵活推进翻转课堂的实施。

二、翻转课堂教学中教师角色的转变

无论何种教育教学改革,教师始终是改革成败的核心与关键。翻转课堂教学改革也不例外,教师需在充分理解翻转课堂教学理念的基础上,找准自身的功能定位,实现角色的转变。具体而言,教师面临的转变主要体现在如下几个方面:

(一) 从以"讲解"为主到"激疑解惑"为主

我国传统上把教师的角色定位为"传道、授业、解惑","传道"的角色与功能是放在教师工作中的首位的。长期以来,我国的"教学论"非常强调对教师"如何教"的关注。中小学课堂内,教师的知识讲解占据着重要位置。

时间是最宝贵的资源,高效利用师生、生生面对面的时间,提升课堂教学的效益,是翻转课堂教学关注的重点。在有限的课堂教学时间内,学习什么、做什么事情最为重要? 是知识讲解重要,还是激发思考、解决困惑重要? 当然二者都是不可缺少的。然而,如前所言,教师对知识的讲解可以微视频教学来替代,前移至课前学习;而讨论交流、激发思考、创造生成,则必须要在师生面对面的时间,通过交流与研讨完成。因而,翻转后的课堂教学内,教师教学的重点需从原有的知识讲解转移到激发思考、答疑解惑、组织引导和检测反馈等,落实学生学习的主体地位,教师真正从"讲台上的圣人"转变为"学生身边的导师"。西方实践和研究也表明:学生最需要老师的时候,不是知识讲解的时候,而是做作业遇到困难的时候。[①] 因而,学生在做作业遇到困难的时候,教师课堂上的帮助和指导是非常必要的。

(二) 从传授知识到发展高级思维能力和培养综合素质

新课程改革明确要求,对学生的综合素质培养要关注知识与技能、过程与方法、情感、态度和价值观等多个维度,而不仅仅是学科知识的传递与把握。翻转课堂教学模式下,课前微课学习的主要任务是基础知识的识记和理解,这是学生综合素质发展的基础;翻转后的课堂教学内,在知识掌握的基础上,师生有更多的时间和精力发展学生的交流与表达能力、合作能力、思维能力和动手实践能力,增强学生的情感体验,提升学生的审美品位。因而,翻转后课堂教学的主要任务是发展学生的高级思维能力、培养学生的综合素质。这就对教师的综合素质提出了更高的要求,不仅要具备较深厚的学科素养,同

---

① Jonathan Bergmann & Aaron Sams. Flip your Classroom: reach every student in every class every day. ISTE ASCD. 2012. p. 5.

时要具备正确的教育教学观和课堂组织与驾驭能力等，并能从关注学生对知识的掌握逐步转变到关注学生多方面的发展。

（三）从面向全体到面向个体

慕课学习和翻转课堂的重要指向之一在于，改善班级授课制背景下学生的个性化教育问题，让学生按自己的节奏学习，提升教育的个体针对性。这就需要教师的教学从以往面向全班的教育教学风格，逐步转向面向班级内每位学生个体的教育风格，这不仅表现在翻转后的课堂教学内，还表现在微视频的教学中。

1. 微视频"一对一"的讲解风格。在录制教学微视频时，教师就要考虑到，学生是一个人在家观看与学习微视频的。教师的讲解风格就要从面向全班的、站在讲台上的讲解，转向面向个体的、一对一的指导。因而，教师的语言讲解在科学、严谨、规范的基础上，尽可能地亲切、和蔼、生动，甚至带有一定程度的幽默，以提高学生学习的成效。

2. 课堂内有针对性的指导。基于学习平台的数据或者课前教师的批阅情况，教师及时掌握了每位同学的学习基础、学习困惑，在翻转后的课堂内，有针对性地指导与辅导学生是其重要任务。这就要求教师要从原来站在讲台上讲，更多地走到学生身边巡视与辅导。虽然教师的讲解少了，看起来教师的角色不是那么凸显了，但其功能却越来越重要了。

三、翻转课堂对教师综合素质的要求

上好翻转课，教师需要在如下几个方面有较高的素养：

(一) 教师的学科素养

教师对学科本质的理解与把握，既是做好教学微视频的基础，也是上好翻转课堂教学的基础。在视频制作方面，华东师大慕课中心提出了教师做教学微视频的"低门槛、易制作、高质量"的原则。做好教学微视频，的确需要教师具备一定的信息技术素养，例如用录屏软件录制教学微视频时，需要进行软件的下载和安装，还需要录制视频，并进行简单编辑等。但是在熟悉了信息技术的基础上，决定视频制作质量高低的则是教师的学科素养，是教师对学科本质的把握，是教师对视频教学的设计。诚如有教师所言："不能指望学科素养差的老师制作出高质量的微课"。

此外，上翻转课时，由于学生自主学习的时间比较充分，在对基础知识和事实有了基本把握的基础上，学生会提出各种各样的问题，有些问题，教师可以较为从容地回答，而有些问题，教师不见得能够很好地及时回答。这些都考验着教师学科知识的深度和广度。

(二) 教师的教育教学素养

如前所言，翻转后的课堂教学内，教师的角色从"讲台上的圣人"变成了"学生身边的指导者"。做好对学生的有效指导，让每个学生在原有的基础上都有所发展，这是一项更为复杂、更具挑战性的任务。与此同时，翻转后的课堂教学还要发展学生的高级思维能力、创造能力，培养学生的综合素质；重视学生的探究活动，重视对学习内容的拓展。所以翻转后的课堂教学内，做好对学生的引导、激发和帮助，是翻转课堂教学成功的重要因素。这就离不开教师对学生学习状态的知晓，离不开教师对教学目标的把握，并能够基于学生的学习状态找到实现学习目标的策略和方式。教师一方面要非常熟悉学科知识和学科思想，但是在和学生交流互动时，教师的关注点又不能停留在学科体系上，而是应放在学生对知识学习的反应上。

著名教育家杜威也曾指出："当教师从事直接的教育教学活动时，他需要精通教材；他的注意力应该集中在学生的态度和学生的反应上。教师的任务，在于了解学生和教材的相互影响。"换句话说即是，教师不仅应注意教材本身，而且应注意教材和学生当前的需要和能力之间的相互作用。[①]　为此，教师需要做到的是：头脑里装的是学科知识，眼里看的是学生学习的状态和对知识学习的反应，心里要想着如何让学生在原有基础上有所发展。这的确是对教师的教育教学素养和教学智慧的挑战。

（三）教师的信息技术素养

上翻转课，需要老师学会使用一些基本的信息技术操作。无论是微课的录制、学习平台的使用、还是课堂内进行及时的检测和反馈等，都需要教师在电脑上来完成。更为重要的是，教师的信息技术素养意味着，为了更好地实现预定的教育教学目标，教师知道什么时候需要使用信息技术、什么时候不需要使用信息技术，什么时候需要使用什么样的信息技术等。教育教学的技术、形式和策略，都是服务于教学目标和目的的，而不是相反。

信息技术背景下，可以由计算机完成的工作和任务，就交给计算机完成。教师需要从事的应是计算机不能替代的工作，是更具实质意义的、更为创造性的劳动。在人类发展历史上，以蒸汽机的出现为代表的第一次工业革命，解放的是人的体力，机器所能够完成的更多

[①] ［美］约翰·杜威著.民主主义与教育［M］.人民教育出版社：北京，2001：199—200.

的是人的体力劳动的工作；而今天，以计算机为代表的第二次工业革命，可以解放人的部分脑力劳动。在微课和翻转课堂教学领域，学习平台可以自动记录统计学生的学习情况，分析学生作业题的完成情况，这就可以将教师从机械批改作业的状态中解放出来，让教师有更多的时间和精力与学生深入交流、精心地备课等。让教师更有时间和精力从事富有创造性、更具有真实价值和意义的劳动。

（四）教师的教育智慧和艺术

教师在教育教学过程中展现出的教育智慧和艺术，是教师融合了其学科素养、教育素养、教学经验后的言行表现，是灵活恰当地处理教育教学和学生管理等问题的技能和技巧。教学经验比较丰富的老师，很容易把握学生的理解程度，课堂驾驭能力较强，也是这个道理。

翻转课堂教学中也是如此，无论是课前的教学设计、对学生学情的把握，还是课堂中和学生的沟通、课堂教学的组织，都体现着教师的教育教学经验和智慧，当然也对教师的教育智慧和教育艺术提出了更高的要求。教师的教育智慧和艺术，是一实践性、综合性、科学性和人文性结合极强的表现行为，这里就不作展开叙述了。

日前有人总结出互联网＋教育时代，教师需完成 7 个转身动作：主动拥抱而非被动接受新技术；借助互联网成为终身学习者；与学生沟通不再仅限面对面；不只传递知识而要设计学习过程；让学生聆听更要在虚拟中交互；教会学生多维度探究而非拘泥于标准答案；从课堂展示到多样化创作与分享。① 这也为教师的专业发展提供了一定

---

① E 之家. 互联网＋教育时代，教师需完成 7 个转身动作. http://www.aieln.com/news/2015/13573.html.

的参照。

四、教师综合素质提升的策略和方式

不断地学习、实践和反思，是教师专业发展的基本路径。在今天信息技术的背景下，教师的成长和发展也无外乎如下几种方式：

（一）线上学习和线下学习相结合

互联网背景下，网上学习资源和路径非常丰富。不管是专家学者的理论著述，还是同行教师对教育改革的实践感悟，乃至同行备课的课件资源、微课资源等；也无论是视频形式的，还是文字图片形式的，都能够在网上找到很多。网络上，针对一个话题，教师同行之间的交流和研讨更为自由，也更能够表达心声。所以，在"泛在学习"的时代，只要教师想学习，随时随地都可以进行学习，这是互联网为学习提供的便利条件。在线上学习的同时，和同伴的研讨、和专家面对面的交流等线下学习亦是不可缺少的形式。

（二）理论学习和实践反思相结合

面对一个新的事物，进行一项新的改革，观念的更新、理念的引领是非常重要的。当然，理论愈普适，其抽象度就愈高，针对性就愈弱。而教育教学是一项实践性很强的事业，每个地区、每所学校、每间教室、每个教师和每个学生都是不同的。没有一个理论和模式能够指导所有的实践。所以，在有了理念引领的基础上，一线教师需根据本校本班学生的情况，进行创造性的实践探索，并及时总结和反思实施的成效。比如，运用翻转课堂的教学形式来上这个课题，取得了哪些好的成效,有哪些不尽如人意的地方,原因是什么,如何改善等,只有及时总结和反思,并能在以后的实践中不断改进和完善,课堂教学的质量才会逐渐提高,学生学习的成效才会逐渐提升。

(三)校内探索与外出观摩相结合

认准的事情,需要静下心来,认真实践,不断反思和总结。与此同时,走出去,看看全国其他地域同行的实践探索,无论是观念和理念上,还是实践操作的具体方式方法上,或多或少会有些许的启示和启发,以此不断改进自我的实践。看到不同和差异较大的事物,会更有利于引发主体的思考。当前,国内外关于微课制作和翻转课堂教学的观摩研讨会非常之多,在条件许可的情况下外出开阔视野,深入反思,是教师学习和发展的重要路径。

总之,随着整个社会信息化程度的提升,借助信息技术改善人才培养模式,提升教育质量,实现教育公平,受到了不少教育研究者和教育实践者的高度关注。慕课加翻转课堂,是在这一背景下应运而生的一种教学模式,初步的教学实践显示出了积极的成效。同时,教师在实践过程中也遇到了不少的困惑和难题,面对这些,教师应认清方向,边尝试边总结,争取逐步完善教学实践、提升教育质量。